あぁ、阪神タイガース

——負ける理由、勝つ理由

野村克也

JN263829

角川oneテーマ21

目次

まえがき　8

第一章　阪神が〝ダメ虎〟だった理由《わけ》　17

最大のガンはスポーツ新聞／「悪いのは監督」の大合唱／度重なる内紛／絶えない派閥意識／わがままな選手たち／威厳を感じさせない監督／内紛はフロントの責任も大きい／球団に金を借りにくる親会社／補強をしないフロント／悪しき生え抜き主義／〝外様《とざま》監督〟が失敗する理由／選手を堕落させるファン／待つことができない関西気質／東京＝巨人にだけ勝てばいい／ダメ虎最大の原因

第二章　なぜ、阪神監督で失敗したか　59

久万オーナーの一言／エースと四番の不在／「野村の考え」を聞かない選手たち／「非難」の真意が通じなかった今岡／天才児・新庄の操縦法／矢野を起用した理由／「キャッチャーを消せ」と福原に助言／野村再生工場・遠山編／どうしようもなかった編成部／オーナーに直談判／「的当て」で開眼した井川／みずから

赤星と藤本を発掘／監督辞任／変えることの難しさ／選手だけでなく自分にも負けていた

第三章　阪神に伝統はない　105

感じない伝統／私が選ぶ歴代ベストナイン／私の選ぶ巨人軍歴代ベストナイン／思い出の名選手たち／名選手必ずしもチームの中心たりえず／個人記録至上主義／日本シリーズの落合采配／巨人にだけ勝てばいい／未来想像力が備わる巨人／チームの将来像が描けず／場当たり的な監督起用／人間教育の欠如／無形の力の軽視

第四章　阪神を星野、岡田は強くしたか　149

阪神には〝理〟よりも〝熱〟／星野の持つ鉄拳と人脈／適材適所の投手陣と切れ目ない打線／星野阪神イコール川上巨人か／星野の意識改革

第五章　阪神は変わったか　167
金本という中心／改革のメスが入った編成部／即戦力にこだわるわけ／阪神は変わったか／選手任せの岡田／岡田は名監督の器か／オーナーよ、リーダーシップを発揮せよ／「優勝するにふさわしいチーム」の条件

あとがき　190

まえがき

私が現役時代、しかもまだ〝ひよっこ〟だったころの話である。米子《よなご》だったか鳥取だったか、山陰地方のある都市で、当時私が所属していた南海《なんかい》ホークスと阪神《はんしん》タイガースのオープン戦が行われることになった。そのための列車移動の車中、阪神球団の営業担当だった人と乗り合わせた。その際、担当者がいった言葉を、私はいまでも鮮明に憶えている。

「野村くんなあ、うちの球団にとっていちばんありがたいのは、巨人とずっと優勝争いをして、最後の最後に負けて二位になることなんだよ」

私は不思議に思った。「優勝争いをすればいい」というのはわかる。大阪のみならず関西中が盛り上がり、甲子園球場にはいつも以上に観客が押し寄せるだろうし、そうなれば球団の利益も当然増える。

だが、「最後に負けて二位になるのがいい」ということの理由が私には理解できなかった。優勝を逃して悔しがりこそすれ「負けるのがいい」とは何事か——。たとえ冗談であったとしてもタチが悪い。

私が怪訝《けげん》な顔をしていたのだろう、担当者はこう続けた。

「優勝を逃せば、選手の給料を上げんでもいいからな」

その一言を聞いて、

「ふーん。阪神というのは、そんな球団なんだ」

そのときの私は、そう感じただけだった。

「そんな体質だから、なかなか優勝できないのだな」と、なかば呆《あき》れながらも、たんなる悪い冗談だろうとしか考えなかった。そのときは、まさか将来、自分が「タテ縞《じま》のユニフォーム」を着るなんてことは、夢にも思わなかったからである。

しかし、数十年後、はからずも私はそうした阪神球団の体質に直面することになる。そして、こう痛感させられたのである。

「ああ、あの言葉は本気だったんだ。あのときから阪神の体質は変わっていないのだ。ずっとそういう考えで球団を経営してきたのだなあ……」

阪神タイガースは一九三五（昭和一〇）年、大阪タイガースとして誕生している。

これは、その前年全米野球チームを迎え撃つために結成された全日本チームを母体に大日本東京野球倶楽部《くらぶ》、すなわちのちの読売巨人軍を創設した正力松太郎《しょうりきまつたろう》氏の、「日本にプロ野球をつくろう」という呼びかけに阪神電鉄が応《こた》えた結果だという。

すなわち、阪神タイガースは巨人に次ぐ歴史を持っているわけだ。そしてこのことは、この球団が翌年に七球団が参加してスタートする「日本職業野球連盟」の設立時のメンバーだったことを意味する。

つまり、阪神は日本プロ野球創設時からの老舗《しにせ》球団なのである。現在の一二球団のなかで、プロ野球創設当初から存在していたのは、巨人と阪神のほかには、中日ドラゴンズ（名古屋軍）、オリックス・バファローズ（阪急）、横浜ベイスターズ（大東京）だけである。

私は京都府竹野《たけの》郡網野町《あみのちょう》（現・京丹後市《きょうたんご》）という田舎町の生まれである。関西で生まれ育ったから、子どものころから周囲には圧倒的に阪神ファンが多かった。そのせいで、中学時代には野球部の仲間たちとよく喧嘩《けんか》になった。

なぜなら、私は一度も阪神ファンになったことがなかったからである。私は熱狂的ともいっていいほどの巨人ファンだった。

なぜ、関西出身にもかかわらず、阪神ではなく巨人に魅《ひ》かれたのだろう。

いま考えてもよくわからない。強《し》いて理由をあげるとすれば、ただひとつ。巨人は強く、阪神は弱かったからだ。

創設当時の成績を調べれば、阪神だって決して弱くはなかったことがわかる。戦前には一九三七年秋、三八年春（当時は春・秋の二シーズン制）、四四年と、三回優勝している。ただし、残りのシーズンすべてに優勝したのは巨人だった。

そのころの野球を私はもちろん知らないが、私が物ごころついてからも、阪神はつねに巨人の後塵《こうじん》を拝していたという印象がある。私の記憶のなかでは、阪神はいつも巨人にやられていた。

事実、後藤次男《つぐお》、金田正泰《まさやす》、別当《べっとう》薫《かおる》、藤村富美男《ふみお》、土《ど》井垣《いがき》武《たけし》、本堂《ほんどう》保次《やすじ》、安居《やすい》玉一《たまいち》、長《は》谷川《せがわ》善三《ぜんぞう》……と続く歴史に名高い〝ダイナマイト打線〟をもってしても、優勝できたのは四七年だけ。その後は村山実《みのる》と小《こ》山《やま》正明《まさあき》の両エースが大車輪の活躍をした六二年まで待たなければならなかった。

しかも、六四年には再びリーグ優勝を飾ったものの、その後はさらに長いトンネルに入り込み、八五年に突然変異ともいえる初の日本一を達成したが、それからはまさしくどん底といえる状態が続くことになった。

私は、巨人というチームに「伝統」の重みを感じている。巨人は、日本のプロ野球をつねにリードしてきたパイオニアであった。

選手時代も指導者になってからも私は、とくに川上哲治《かわかみてつはる》監督のもとで空前絶後の九連覇を達成したころの巨人の野球を手本にするとともに、そんな巨人を倒したいという一心で野球をやってきた。そのために、徹底的に考え、創意工夫した。極言すれば、いまの私があるのは巨人の存在があったからといえないこともない。

しかし、阪神に対してはそんな気持ちを一度も感じたことはなかった。「伝統」を感じさせられることはなかった。

南海という、同じ関西にありながら人気では阪神とは雲泥の差だったチームにいたため、リーグは違えど対抗意識がまったくなかったわけではない。南海のホームグラウンドだった大阪球場は、南海電鉄難波《なんば》駅すぐそばという立地条件に恵まれていたにもかかわらず、観客が集まらなかった。和歌山あたりから南海電車に乗ってやってきたファンも、難波駅を素通りして甲子園に行ってしまう。それを私が悔しい思いでみつめていたのは事実である。とはいえ、それは巨人に対する対抗心とは違って、「なんでこんなチームが人気があるんだ！」という憤りに近いものだった。

「オレたちのほうが強いのに、どうして阪神ばかり……」

そういう悔しさであった。

だから、一九六四年に日本シリーズで戦ったときも、「負けるわけがない」と見下していた。このときの阪神は、村山とジーン・バッキーの両輪を、鎌田実《かまたみのる》、吉田義男《よしお》、三宅秀史《みやけひでし》の〝黄金の内野陣〟が盛り立て、強いチームではあったが、特別な対策を練った憶《おぼ》えはない。

結果は四勝三敗で南海が勝ち、日本一になったのだが、「ざまあみろ」と溜飲《りゅういん》は下がったとはいえ、五九年に巨人を倒したときに較べれば、ほとんど感慨はなかった。「勝って当然」だったからである。私にとって阪神は、はっきり言って「ただ古いだけ」のチームだったのだ――。

そんな阪神タイガースの指揮を私が執ることになったのは、二〇世紀も終わろうとしていた一九九九年のシーズンからだった。阪神とは何の関係もなかっただけに、監督就任の打診はまさしく青天の霹靂《へきれき》ではあったが、それまで九年間ヤクルトスワローズの監督を務め、リーグ優勝四度、うち三度の日本一を経験し、弱小チームを強くするためのノウハウや選手育成法を会得したという自負があったので、三年以内にはそれなりの結果を出せると信じていた。

しかし、ご承知のようについに一度も最下位から脱出することができなかった。七〇年の長きにわたって球団と選手に染み付いた〝阪神体質〟の巨大な壁は想像以上に険しく、私の力では壊すことはできなかった。

正直言って、思い出すのもいやな三年間であった。

ただ一方で、ときが経つにつれて「なぜなんだ。どうしてなんだ！」という気持ちが私のなかで高まってくるのも事実であった。あらためて〝失敗した理由〟と〝己の弱点〟を自分なりに総括しておきたいという気持ちが湧いてきたのである。

東北楽天ゴールデンイーグルスの監督に就任し再び勝利への飢餓感が生まれてきた今、阪神時代と同じ過ちを繰り返すわけにはいかないという思いもあったのだろう。最強の組織を目指す指揮官は「敗因」を分析する責務がある。

そこで、阪神という球団の歴史を繙《ひもと》きながら、なぜ阪神体質ともいうべきものができあがったのか、なぜこれほど長きにわたって低迷が続いたのか、巨人との差はどこにあったのか、そして阪神はほんとうに強いチームに生まれ変わったのか、などということについて、自分が体験したことも振り返りながらじっくり考えてみたいと思った。

そうしてできあがったのが本書である。阪神タイガースと〝同い年〟である私のこれは、阪神タイガースに関する「野村の考え」といっていい。

二〇〇八年二月

野村　克也

第一章　阪神が〝ダメ虎〟だった理由《わけ》

最大のガンはスポーツ新聞

あれは何年だったろうか。私が南海ホークスのプレーイング・マネージャー、すなわち選手兼任監督を務めていたときのことだ。南海は阪急ブレーブス（現オリックス・バファローズ）と首位争いを展開していた。

そのさなか、南海と阪急の直接対決があった。しかも、そのゲームは月曜日に行われることになっていた。月曜日なので、セ・リーグの試合はない。私は思った。

「明日こそ、新聞の一面はオレたちだろうなあ」

現在と違って、当時はわれわれパ・リーグの試合がスポーツ新聞の一面を飾ることはまずなかった。一面に載るのは東京なら巨人、関西では阪神の記事と決まっていた。メジャーリーグに日本人選手が挑戦することなど考えられなかったし、サッカーなんて、まだまだマイナースポーツだった時代である。とくに関西のスポーツ新聞は、何が起ころうとも連日阪神の動向が一面を飾っていた。

とはいえ、月曜日に阪神の試合はない。しかも戦うのは南海と阪急、すなわち両方とも関西のチーム、いまの言葉で言えば関西ダービーである。だから、「いくらなんでも明日くらいはわれわれが一面に出るだろう」と思ったのだ。

ところが、翌朝スポーツ新聞を手にした私の目に入ってきたのは、次のような見出しだった。


〝不振にあえぐ掛布《かけふ》、特訓！〟


「なぜなんだ⁉」

私は南海の担当記者に詰め寄った。

「おまえら、ちゃんと記事書いているのか？」

「もちろん書いて送りました」

「だったら、なんで阪神が一面なんだ」

すると、担当記者は口ごもってこう言った。

「いや、デスクが言うんです。南海が一面じゃ新聞が売れないって……」

この事実が、すべてを物語っている。阪神タイガースをダメ虎にした責任——その第一はメディアにある。

関西に少しでも住んだことのある方ならおわかりだろうが、関西のスポーツ・メディアは異常である。『報知』以外どのスポーツ新聞の一面も、とにかく〝阪神阪神阪神……〟。まるで阪神以外のチームは存在していないかのようだ。

したがって、阪神の選手だというだけでマスコミがこぞって取り上げてくれる。主力選手だけでなく、まだ実力が伴っていない選手でさえ、スター選手並みに扱われる。ほかのチームの中心選手など比べ物にならないくらい知名度も上がる。当然、若い選手は「自分はスターなんだ」と勘違いすることになる。

しかも、メディアは選手の批判はいっさいしない。なぜなら、悪いことを書いたり、放送したりして選手に嫌われたら、取材を拒否されるからだ。選手に取材を拒否されれば阪神を一面にすることは難しくなる。当然、新聞も売れないし、視聴率もふるわなくなる。だから、記者は選手に対する悪口を書くことはできない。コバンザメのように選手にはりついて、おだて、ほめそやし、なんとかコメントをもらおうとする。

それゆえ、選手はさらに甘やかされ、増長し、できあがった提灯《ちょうちん》記事によって「自分は特別なのだ」と、いっそう勘違いを激しくするわけだ。

「悪いのは監督」の大合唱

さて、選手を批判できないとなると、メディアの矛先はどこに向かうか。

いうまでもない。監督とフロントだ。阪神が勝てなくなると、マスコミは「監督が悪い、フロントが悪い」と書きたてるのである。

私が監督となって二年目、シーズンが開幕して一ヵ月後のことだった。早くもあるスポーツ紙で「野村、やめろ！」という連載が始まった。たしかに前年は期待されながらも最下位に終わっている。建設的な批判なら、甘んじて受け入れよう。

だが、そこにあるのは完全に選手びいきの擁護記事ばかり。選手が持てる力を発揮できない責任はすべて私にあるというものだった。「選手は悪くない、一所懸命やっている」のオンパレードで、私の人格すら否定しかねないものだった。

さすがにこのときはフロントが抗議し、その新聞社の記者をグラウンド内立ち入り禁止にしたのだが、このように勝てなくても選手は一切批判されず、責任はすべて監督やフロントに帰されるのである。

評論家や解説者も同様だ。阪神OBにかぎらず、チャンスがあればタテ縞《じま》のユニフォームを着たいという連中ばかりだから、フロント批判はタブーだが、現場に対してはそのぶん辛辣《しんらつ》だ。いいことなど言うわけがない。「監督とコーチが悪い」の一辺倒。そう言っておけば、自分がコーチになる可能性が生まれるからだ。もちろん、そのときになって選手に嫌われないよう、選手批判を控えるのは、メディアと同じである。

それまでの私は、あえてマスコミを使って選手を批判することがあった。メディアを通して私の談話が伝わることで、選手の発奮を促したのである。

ところが、阪神ではそれが通じなかった。阪神に来てからというもの、私は新聞記者連中と話をするのが怖くなった。冗談さえ通じない。というか、文脈は無視してその一部分だけが報道される。これでは私の真意が伝わるわけがない。まさしく、「物言えば唇寒し」の状態だった。

こうしてメディアが勝てない原因を選手にはいっさい問わず、すべて監督やフロントに求めるため、阪神の監督は中村勝広《かつひろ》を除くと長くても三年程度、短ければ一年で代わるという状態が続いていた。そうなればとくに中心選手は「どうせ監督はすぐに代わるのだから」と考えてしまい、そりの合わない監督にはそっぽを向く。

もちろん、指揮官は勝てない原因の責めは負わなければならない。それは誰もがわかっている。けれども、こうしたことが積み重なれば、選手は甘やかされ、勘違いし、つけあがる。逆に監督は思い切った采配《さいはい》が出来ないし、モチベーションも下がるのは事実なのである。

度重なる内紛

「いつも内紛が起こっているなあ……」

それが阪神に対してずっと私が抱いていた印象であった。事実、今回さまざまな資料にあたってみて、あらためて〝お家騒動〟の多さに驚かされた。

一九五六年、選手兼任監督となった藤村富美男さんに対し、金田正泰さんら主力選手一二人が反発、「藤村退陣か、選手全員の退団か」の二者択一を球団に迫ったという〝藤村排斥事件〟にはじまり、六〇年には監督となった金田さんと村山の対立が勃発《ぼっぱつ》。金田監督と江夏豊《えなつゆたか》の確執から〝江夏派〟の鈴木皖武《きよたけ》が金田監督を殴ったという七三年の「金田殴打事件」、そして江本孟紀《えもとたけのり》の引退の引き金となった「ベンチがアホやから」発言……表面化した内紛だけでもかなりの数にのぼる。

水面下で起こっていた内紛となれば、それこそかぎりないのではないか。その象徴が、タイガースというチームが語られるときに必ず話題となる〝両雄並び立たず〟という構図だ。

藤村・別当、藤村・金田の時代から、吉田・村山、村山・小山、江夏・田淵（幸一《こういち》）、掛布（雅之《まさゆき》）・岡田（彰布《あきのぶ》）まで、阪神のスター選手はことごとく反発し合っていたと聞く。内部の人間に聞いてみると、「そんなことはないですよ」と否定するのだが、火のないところに煙は立たぬという。事実、どちらか一方が不本意なかたちでチームを去っていったケースも少なくない。

なぜ、こんなことが絶えなかったのか、私はずっと不思議だった。だが、阪神にやってきて、よくわかった。私に言わせれば、これもメディアに大きな責任がある。

先ほど述べたように、関西のスポーツ新聞の一面は、連日阪神が飾る。だから、ある選手にとっては耳の痛いことも記事にしなければならなくなるときがある。それを読んだ選手は「誰が書いたんだ！」と怒り、その記事を書いた記者を出入り禁止にする。そして、自分のことをちやほやしてくれる取り巻き記者としか話をしなくなる。

政治の世界でもよく耳にするが、取り巻き連中はその選手に嫌われれば商売あがったりだから、機嫌をとるだけでなく、「あの選手はこんなことを言っていました、あのコーチはこう批判してましたよ」などとさまざまな情報を注進する。なかには事実が捻《ね》じ曲がって伝わったり、根も葉もない噂がもたらされることもあるに違いない。

けれども、選手は信用してしまう。心証が悪い記者とは話もしないから、真偽の確かめようもない。記者同士も対抗意識があるから、担当が違えば仲も悪い。こうしたことが阪神ではずっと続いてきたのである。私がいたヤクルトではそんなことはなかったし、巨人でも聞いたことがない。

絶えない派閥意識

もうひとつ、阪神の内紛の歴史を振り返りながらあらためて考えたのだが、〝両雄並び立たず〟の背景には、大学出身者と高校（中学）出身者の対立もあったのではないか。

たとえば、藤村さんと別当さんである。呉港《ごこう》中学から入団した藤村さんは、自他ともに認める〝ミスター・タイガース〟だった。そこに慶応ボーイのスマートな別当さんが颯爽《さっそう》と登場し、ホームランを量産した。すると、藤村さんは「学士に負けるものか！」と対抗意識をむき出しにして、〝物干し竿《ざお》〟と呼ばれた長いバットを使うことでホームランバッターに転向したという。

村山と小山さんの場合もそうだ。ふたりの確執はリーグ優勝した一九六二年、成績では小山さんが上回りながらMVPを村山にさらわれたことにはじまるといわれるが、それ以前、無名の高砂《たかさご》高からテスト生として入ってきた小山さんが頭角を現したころに、関西大学時代に長嶋茂雄《ながしましげお》と杉浦忠《すぎうらただし》を擁する立教大学をおしのけ、大学日本一に輝いた村山が入団してきたときからすでに生まれていたと思われる。

村山と吉田さんの対立にしても、これは邪推かもしれないが、立命館大学を中退して入団し、藤村さんの用具係からプロ生活をスタートさせたという吉田さんにはやはり、村山に対する嫉妬《しっと》のようなものが根本にあったのではないかと思う。

投手と野手の違いがあった村山と吉田さんの場合はともかく、藤村・別当と村山・小山のふたつのケースに共通するのは、中学や高校を出て入団したたたき上げの選手がようやくスターの座を手にしたと思ったら、いきなり大学出身の花形選手が入ってきて人気をさらってしまったということだ。

そしてこの図式は、甲子園経験のない江夏と法政大学で東京六大学リーグのホームラン記録を塗り替えた田淵のケース、テスト生同様の位置からはいあがった掛布と早稲田大学出のエリートである岡田の場合にもあてはまるといっていい。

加えて、江夏と田淵、掛布と岡田には、関東出身と関西出身ということも影響しているように思える。岡田は大学は東京ではあるが、大阪生まれである。茨城出身で慶応ＯＢの安藤統男《あんどうもとお》と千葉出身で早稲田ＯＢの中村勝広が幹部候補生として早くから登用されたのも、高卒の関西出身者にとっては、おもしろくなかっただろうと推測できる。

私自身、京都の田舎の高校卒業で、しかもテスト生出身だからよくわかるのである。大学出、とくに東京六大学の出身者に対しては無意識のなかにも劣等感があった。それがひがみや嫉《ねた》みにつながっていく。阪神の選手も同じだと思うのだ。

もちろん、こうしたライバル意識は、よい方向に出れば爆発的な力となる。しかし、逆に出れば、チームの崩壊を招くしかない。

というのは、中心選手の確執はおのずと派閥形成につながっていくからだ。田淵が入団したとき、まず聞かれたのは、「村山派か吉田派か、おまえはどっちだ？」ということだったという。そして、取り巻きの記者連中によって派閥意識はさらに強まっていく。

弱いから派閥ができるのか、それとも派閥ができるから弱いのか、それは鶏と卵のようなものでどちらが先なのかはわからないが、いずれにせよたしかなのは、派閥が存在するようなチームが強いわけがないということである。

わがままな選手たち

ひと言でいえば、阪神の中心選手はわがままなのである。その主な原因は、これまで述べてきたようにメディアが甘やかしてきたことにあると私は考えているが、もっとも、これは創設時からの阪神の体質のようだ。

景浦将《かげうらまさる》さんがそうだったらしい。景浦さんといえば、松山商業時代に投手兼三塁手として甲子園で春に優勝、夏に準優勝、立教大学の花形選手から阪神に入団し、巨人の沢村栄《えい》治《じ》と名勝負を繰り広げた伝説のスター選手である。

景浦さんはタイガースの初代監督だった森茂《しげ》雄《お》さんに請われて入団した。それだけに、森監督が更迭されると、あからさまに不満を表したそうだ。打球が飛んできても知らん顔を決め込み、打席でもわざと空振りすることがたびたびだったという。また、新人投手の月給が自分より高いのに腹を立て、マウンドに上がることも拒否した。現実にはそんな待遇の違いはなく、月給の半分近くの五年分が「契約金」として父親に渡っていたのを景浦さんが知らなかっただけらしいのだが、とにかく森監督に代わって監督になった石本秀一《いしもとひでいち》さんや主将の松木謙治郎《けんじろう》さんをとても困らせたらしい。

当時はそんな選手はめずらしくなかっただろうし、ほかのチームでもよくあることだったのかもしれない。が、タイガースがそうした伝統をその後も引きずり続けたのだけは間違いない。でなければ、あれほど内紛が巻き起こるはずがない。チームよりも自分中心主義だから、不満があると口に出さずにはいられない。それが対立を生むわけである。

事実、村山は選手時代から自分で登板日を決めていたというし、江夏の傲慢《ごうまん》さと、人が口にする言葉に対しての神経質さには、私自身も非常に手を焼いた。

南海に移籍してきた当初の江夏は、人の好き嫌いが激しく、嫌いな記者に対しては横を向いたまま口もきかなかった。私はなんとか彼を変えようと思い、当時噂されていた彼の八百長問題について、聞きづらかったが思い切って詰め寄った。

「おまえは八百長問題で名前があがったようだが、八百長をやってないと証明するには、おまえ自身がマウンド上で示すしかないんだぞ！」

しばらく黙っていた江夏は、ポツリとつぶやいた。

「そんな言いにくいことを面と向かってはっきり言ってくれたのは、あんただけや……」

阪神時代の江夏は「扱いにくい選手」とされていた。そのため、周囲はほめるかおだてるかしかしてこなかったのである。おそらく、江夏以外のスター選手も同様の扱いを受けていたと思う。

威厳を感じさせない監督

では、こうした選手のわがままを許してきたのは誰か。歴代の監督である。選手を統率し、正しい方向に向かわせることのできる監督が阪神にはずっといなかったという現実が、選手を傲慢にさせ、絶え間ない騒動が続く結果を招いたのだ。

一九六一年、水原茂さんに代わって川上さんが巨人の監督に就いたとき、チームの雰囲気がガラッと変わったのを私はいまでも憶えている。

水原さんは慶応ボーイで、非常にスマートな人として知られているが、それがともすれば監督としての威厳を損なうことにもつながっていた。そのため、私が見たところでは、水原監督時代の巨人にはどことなく緩んだムードが感じられないこともなかった。

ところが、川上さんが監督になった途端、巨人のベンチにはピーンと張り詰めた空気が流れるようになった。「監督が代わっただけで、こんなにも選手は、チームのムードは変わるものなのか」と私は大変驚かされた。

そう、監督という立場にある人間はやはり、そこにいるだけで選手の気持ちが引き締まるような威厳と恐さを持っていなければならないのである。

南海時代の私の恩師である鶴岡一人《つるおかかずと》さんは、そんな監督の典型だった。鶴岡さんがいるだけで、われわれ選手はピリピリしたものだ。

〝親分〟と呼ばれた鶴岡さんは、とにかく怖かった。絶対に自分のチームの選手をほめない。照れ屋だったこともあるが、どんなに試合で活躍しても、私は一度もほめられたという記憶がない。われわれは毎日のように外野の芝生に座らされ、〝説教〟された。鶴岡さんが不在のときの練習ではどこか気の抜けたような空気が漂わないでもなかったが、親分が姿を現した瞬間に、選手だけでなくコーチたちにも緊張感が走ったものだ。

果たして阪神の歴代監督のなかに、川上さんや鶴岡さんのような監督がいただろうか。そこにいるだけで選手をピリピリとさせるような厳しいムードを醸し出す人間が監督になったことがあっただろうか。私の知るかぎり、星野がやってくるまではひとりもいなかったのではないかと思う。そのツケが、数々の内紛となって返ってきたわけである。

その証拠に、少なくとも私がいたころの南海には、ゴタゴタはいっさいなかった。その理由はやはり、二三年にわたって指揮を執り続けた鶴岡親分の存在が大きかったと私は思っている。ともに古くからある関西のチームであり、人気という点を除けば本来は同じ気質を持っているはずの阪神と南海であるにもかかわらず、一方のチームにはお家騒動が頻発し、一方のチームは何も起こらなかったという事実の背景には、「いるだけで怖さを感じさせる」指揮官が存在したか否かという違いが、大きく影響していたと私には思えるのである。

内紛はフロントの責任も大きい

阪神にゴタゴタが続いたのには、もちろんフロントにも大きな責任がある。阪神の内紛は、なにも選手間で起きたものばかりではない。江夏と田淵がトレードされた際のドタバタや、いったんは留任が発表された安藤監督がその後更迭されたケースなど、フロントが当事者となったものも少なくないのである。

昔ある雑誌で、藤村さんみずからが「どうして阪神には人事的なゴタゴタが絶えないのか」と訊《き》かれ、それは「マスコミの責任」としたあとで、〝藤村排斥事件〟について、こう語っていた。

「あれは金田が、ある人物にそそのかされてやったことですわ」

藤村さんによれば、藤村さんがいては都合の悪いフロントの人間が金田さんをそそのかし、金田さんがほかの選手を巻き込んだのが原因だったというのである。そして、「そういう人物がおったことはタイガースにとって不幸なことだった」と藤村さんは続けていた。

もちろん私は、真相をまったく知らない。が、そういう人物が阪神の球団内部に出入りしていたということは、いたるところでさまざまな人が証言している。江夏や田淵もそうだ。田淵は「コーチの人選にまで口を出している」とも語っていた。

また、「ベンチがアホやから野球がでけへん」と言ったことが問題になり、江本が引退に追い込まれた事件についても、記事のなかで藤村さんは、「その発言を聞いた者が、どうして社長のところまで言いに行くのか」と憤っていた。

阪神にかぎらず、選手には不平不満がつきものである。それを口にするかしないかでその選手の価値が決まってくる部分もあるのだが、球団内部で処理されていればまだなんとかなる。ところが、阪神の場合はフロントの人間が率先してそれをマスコミに流しているふしすらあった。

しかも、フロントの執行部の多くは本社からの出向だから、本気で改革に取り組む気がない。たとえあったとしても、数年で異動してしまう。何かことが起こっても、黙ってやりすごしていればときが解決してくれると思っている。これでは、内紛が絶えないのもあたりまえなのである。

球団に金を借りにくる親会社

当然、親会社も糾弾されなければならない。阪神球団がこうした問題を抱え込んできたのにはやはり、球団に対する親会社の考え方が影響しているからである。『巨人軍論』で私は、伝統を感じさせる条件のひとつとして、親会社の規模という点を指摘した。巨人のバックは日本最大のメディアを持つ読売グループである。西武ライオンズが黄金時代を築いたときも、親会社の西武グループが破竹の勢いだった。

親会社が大きく、安定していれば、球団は目先の利益にそれほどとらわれることなく選手を育成できるし、資金力をバックに積極的に補強に取り組める。当然、選手に対する待遇もいいから選手もやる気が出る。

しかるに、阪神はどうか。かつて私は「貧乏球団」と呼ばれた南海に所属していたわけだが、親会社の規模でいえば阪神は南海にも劣っている。たしか、阪神電鉄の総路線距離は四五キロに満たないはずだ。マラソンより少し長い程度。「瀬古《せこ》（利彦《としひこ》、ロサンジェルス・ソウル五輪マラソン日本代表）なら二時間で走る」と揶揄《やゆ》されたこともあった。

このことは言い換えれば、阪神グループのもっとも大きな収入源は阪神球団であることを意味する。

南海の球団社長が昔、ボソッと私にこう言ったことがある。

「年末年始に親会社に金を借りに行くのが私のいちばんの仕事なんだよ。〝赤字だから金を出してくれ〟って……」

「それがいやでいやでたまらなかった」と社長は話していたが、つまり、大方の球団は赤字経営で、その損失は親会社が補塡《ほてん》するというのが、昔もいまも変わらないプロ野球経営の実状なのである。

そのことが経営努力の放棄につながり、巨人べったりの体制を生むことになったのはいろいろなところで指摘されているし、私自身も問題だと思っているが、それはここではひとまず措《お》くとして、赤字だからこそ、なんとかしてチームを強くして少しでもファンを増やそうと考える球団経営者だっているのも事実である。

ところが阪神の場合は、ほかのグループ会社が球団の金をあてにしているかのように見える。人気抜群の株式会社阪神タイガースは、グループのなかでは数少ない黒字経営の健全企業。ほんとうか嘘かは知らないが、親会社のほうが球団に金を借りに来るという。それを物語るエピソードとして、かつてのオーナーだった野田誠三《のだせいぞう》氏が運輸省に言ったという有名なセリフがある。

「うちは本妻じゃなくて妾《めかけ》に食わしてもらっている」

つまり、電鉄本社では食えないから、球団に養ってもらっているというわけである。とすれば、本来なら育成や補強にまわせる資金も、そちらに吸い上げられてしまいかねない。皮肉なことに、弱くても客はくるから球団は強化のために金を使わなくてもいい。下手に優勝でもしようものなら、選手の給料を上げなければならない。だから、五年に一度くらい優勝するのが理想で、一〇年に一度でもかまわないという考え方に行き着く。そのほうが盛り上がるし、連覇などされたら球団としては死活問題につながりかねないのだ。

巨人V9最後の年となった一九七三年に、阪神が一敗一分けでも優勝が決まるはずだった残り二試合にいずれも惨敗して巨人に逆転されたのは、次のようないきさつがあったからだと聞いたことがある。

一二九試合目の対戦相手は中日だった。舞台は中日球場。阪神の先発は、その年、中日に八勝（一敗）をあげていた上田二朗《うえだじろう》だと予想されていた。しかし、マウンドに上がったのは江夏だった。

大事な試合はエースに任せるというのは理解できる。しかし、江夏は前年から中日球場では勝ち星がなかった。案の定、江夏はピリッとしない。打線も中日の先発、星野《ほしの》仙一《せんいち》が打ってくれと言わんばかりのボールを投げているのに沈黙した。結果、阪神はその試合を落とし、上田が先発した最終戦では巨人に大敗してしまうのである。

それはともかく、問題は中日戦での江夏のピッチングである。中日戦の前日に江夏は球団に呼ばれ、次のようなことを告げられたのだという。

「今年、球団は充分儲《もう》かった。優勝すれば、給料を上げなければならない……勝たなくてもいい」

これに江夏は腹を立てるとともに、やる気を失ってしまったというのが、当時まことしやかに流れていた噂である。

江夏から真相を聞いたことはない。あくまでも噂ではある。だが、かつて私が遠征の列車で聞いた話からすれば、まったく根も葉もない話ではないような気がするのも事実なのだ。

補強をしないフロント

以上のような話はあくまでも推測にすぎないが、そういう阪神のフロントの体質が現実の問題となって現れていることがある。補強面である。

二〇〇七年のオフも巨人は、横浜からマーク・クルーン、ヤクルトからはセス・グライシンガーとアレックス・ラミレスを補強し、中日からFAになった福留孝介《ふくどめこうすけ》の獲得にも動いた。「変わってないなあ」と私はあらためて呆《あき》れたが、なんとかしてチームを強くしようという意志を感じさせるという意味では、巨人は決して間違っていない。

対して阪神はどうか。大学生でも社会人でもいい、ある即戦力のドラフト候補がいたとき、阪神も一応獲得には動く。たしかにその意思は見せるのだが、巨人やかつての西武といった資金力がある球団が獲《と》りにくると、決まって引いてしまっていた。絶対に競おうとしなかった。

たとえば、いま巨人の主軸を担っている上原浩治《うえはらこうじ》や二《に》岡智宏《おかともひろ》がプロ入りするときがそうだったし、松坂大輔《だいすけ》のケースでは「金がかかるし、どうせ来てくれないだろうから」と、はなから指名するのをあきらめていた。清原和博《かずひろ》が西武からFAになったときも阪神移籍が濃厚といわれていたが、結局巨人に横取りされてしまった。

阪神は過去に入団を拒否された選手はほとんどいない。入念に準備し、交渉を進めたからではない。ほかのチームが三位か四位指名に考えているようなレベルの選手を一、二位で手堅く指名するからだ。

星野仙一が監督になってからはきちんと補強に動くようになり、片岡篤史《かたおかあつし》、金本知憲《かねもとともあき》、伊良部秀輝《いらぶひでき》、下柳剛《しもやなぎつよし》といったチームの中心を担う選手が続々と入団してきたし、ドラフトでも早稲田の鳥谷敬《とりたにたかし》ら即戦力を得、二〇〇七年にも広島東洋カープからFAになった新井《あらい》貴浩《たかひろ》を獲得した。

しかし、少なくとも私がいたころまでの阪神は、必要な選手であっても他球団と競合すると獲りにいかなかった。それで私は文句を言ったことがある。

「間違いなく働くすばらしい即戦力なのに、ほかのチームと取り合いになるとどうして引いてしまうのですか。一〇年にひとりという選手なら、万難を排して獲得に行くべきです。これだけ広い球場があって、人気もある。かりにお金がかかったとしても、すぐにもとはとれるじゃないですか」

補強に対して、阪神のフロントが目先の利益にとらわれず長期的な展望を持って大局的判断を下していれば、あそこまでどん底状態には陥らなかったはずなのである。

悪しき生え抜き主義

監督人事にも、そんなフロントの体質は現れている。なまじ歴史があり、スター選手だったOBも少なくないせいか、「監督は名を成したOBでなければならない」という不文律が阪神にはあるようだ。

久万俊二郎《くましゅんじろう》オーナーは、これを〝阪神ドクトリン〟と呼んでいたが、ただ、その点では巨人も同様である。こだわりは阪神以上といってもいい。球団草創期は別として、戦前に巨人の第一期黄金時代を築いた藤本定義《ふじもとさだよし》さんに代わり、一九四三年に中島治康《なかじまはるやす》さんが監督の座に就いてからは、巨人の監督はいまの原辰徳《たつのり》までずっと選手出身のOBが務めてきた。それが現在の巨人の凋落《ちょうらく》の原因のひとつになったということは『巨人軍論』でも述べたが、少なくとも巨人は王貞治《さだはる》が監督になったあたりまでは後継者育成システムが機能していたし、さすがに何回も優勝したチームだけあって、それなりの人材がいるからまだいい。

だが、阪神はどうか。歴代監督リストを眺めていて、私は愕然《がくぜん》とした。失礼だが、監督の器たりえる人間はほとんどいない。よほど人材がいないのか、過去に失敗しているのに再登板している人も少なくない。スター選手だったからという、営業的な理由しか考えられない。

たしかに歴史を繙《ひもと》いてみれば、OB以外の監督もいることはいる。その代表となるのは、いま名前が出た藤本さんだろう。一九六一年のシーズン途中から阪神の指揮を執ることになった藤本さんは、村山、小山さん、バッキーを軸に投手王国を築き、六二年と六四年にチームをリーグ優勝に導いている。藤本さんを私は直接は知らないが、あの江夏が二言目には「藤本のじいちゃん」と言って慕っていたくらいだから、やはり名将だったのだろう。が、その後は後藤さん、村山、金田さん、吉田さんといったOB監督が続き、一九七九年になってようやく、私とも縁があるドン・ブレイザーを迎えている。

ブレイザーを監督にしたのは、その前年に球団社長となった小津正次郎《おづしょうじろう》さんだと聞いている。それまで外から阪神というチームを見ていた小津さんは、「厳しさを注入しなければいけない、プロ意識を植え込まなければいけない」と感じていたそうだ。

けれども、それにはぬるま湯に浸《つ》かってきたOB監督ではむずかしい。どうしても仲間意識がぬぐえないし、スター選手に対して厳しいことが言えない。フロントにも遠慮してしまう。だからこそ、なんのしがらみもない外部の人材が必要だと考えたわけだ。

もうひとつ、小津さんはそれまでの阪神にはなかった「考える野球」を導入する必要性も感じていたそうだ。そこで、最初はヤクルトを日本一に導いた広岡達朗《ひろおかたつろう》さんの招聘《しょうへい》を考えたがかなわず、ブレイザーに白羽の矢が立ったらしい。ブレイザーは、私に「野球は頭でするものだ」と教えてくれた恩人である。適任だった。ところが、阪神にかぎってはそうではなかったのである。

ブレイザーは〝走れず、守れない〟田淵を放出し、真弓明信《まゆみあきのぶ》、若菜嘉晴《わかなよしはる》を獲得するなど改革に取り組んだ。南海時代に私がブレイザーと出会ったことで「考える野球」に開眼したように、阪神にもブレイザーの野球が徐々に浸透しはじめていたように見えた。事実、前年は四一勝しかできずに最下位に終わった阪神はその年、勝率五割を超えた。

ところが、二年目の途中にブレイザーは辞任してしまう。小津さんによれば、「家庭の事情」ということだが、これにはやはり、阪神ファンの反発が大きな影を落としていたようだ。

ブレイザーは、その年早大から入団した大物ルーキーの岡田を使わず、ヤクルトから移籍してきたデイブ・ヒルトンという外国人選手を重用した。しかもヒルトンが開幕から不振を極めた。そのためブレイザーは、ファンから集中砲火を浴びることになった。甲子園では罵声《ばせい》が飛び、外に出れば車を揺さぶられる。家にはカミソリ入りの手紙が届く。これに奥さんが悲鳴をあげたというのである。

小津さんの計画は頓挫《とんざ》した。ブレイザー辞任後はコーチだった中西太《ふとし》さんが代理監督として、翌年は正式に監督として指揮を執ったが、江本と衝突し、やはり退団に追い込まれた。そして、その後は再び、私が就任するまでOB監督が続くことになったのである。

〝外様《とざま》監督〟が失敗する理由

しかし、結局は私も結果を出すことができなかった。星野が来るまで、私も含めてOB以外の監督がことごとく失敗したのは、どこに原因があったのだろうか。

ひと言で言えば、「なじめない」のである。長きにわたって醸造された阪神体質を変えるのは、短期間では無理なのだ。輸血くらいでは効かないのである。血液をすべて入れ替えなくてはならないのだから。

新任監督はそうした体質を変えようと、選手に対してそれまでの監督とは違う接し方をする。監督が違えば、目指す野球も変わってくる。当然、新しく登用される人材もいれば、使ってもらえなくなる選手も出てくる。

そのとき、使われなくなった阪神のほとんどの選手がとる態度は、「どうせ監督はすぐに代わるのだから……」としばらくやり過ごすか、そっぽを向くかのどちらかだ。現実に早い場合は一年で代わってきたのだから、それでも通用するのである。事実、ヤクルトの選手が「この監督の言うとおりやっていれば大丈夫だ」と思っていることを私に感じさせたとすれば、阪神の選手から伝わってきたのは「このおっさん、いつまでやるんだ、いつ辞めるんだ」という雰囲気だった。

したがって、監督の考えが浸透するまでには時間と労力がかかる。すぐには結果は出ない。ところが、阪神ファンは待ってくれない。よい結果が出ているうちはこれほど強い援軍はないが、少しでも不振に陥ると、罵声と怒号が待っている。ブレイザーの例でもわかるように、外様《とざま》の監督に対するそれは、期待が高かったこともあってか、辛辣を極《きわ》める。私が就任した一年目も、なまじ序盤の成績がよかったから、私を救世主のように崇《あが》め奉《たてまつ》ってくれたが、失速すると一気に「野村やめろ！」コールが沸き起こったものだ。

加えて、OBの反発も強い。一九八四年に久万さんがオーナーになって最初の仕事は、阪急の黄金時代を築いた西本幸雄《にしもとゆきお》さんを監督として招聘することだったらしい。事実、西本さんの承諾も得ていたという。ところが、これにOBたちが反対した。

というのは、西本さんが監督になると、コーチ陣も刷新される。それはとりもなおさず、

ＯＢからすればかわいい後輩選手たちの、「将来は阪神の指導者になる道」を断つことになる。それは避けたい。ＯＢとしては、それまでの伝統を守って阪神で育った選手を指導者にしたいのである。ＯＢ以外の監督を招くということは、ＯＢの既得権益を奪うことになるわけだ。

そうしたＯＢの反発を西本さんも悟ったらしい。「どうもおたくはよそから監督を迎えるのは難しいようだから」と断り、それで吉田さんの二回目の登板になったと、久万さんは雑誌のインタビューで語っていた。まさしく悪しき生え抜き主義というしかない。

このように、外様監督はメディアやファンからの圧力に加え、ＯＢからの反発にもさらされるのである。本来ならば、監督を連れてきたフロントがこうした攻撃から守り、バックアップしてしかるべきなのだが、阪神のフロントはそれをしない。圧力にかんたんに屈し、結果が出ない責任を監督だけに求め、結局は更迭という結論にいたるのである。それを繰り返してきたのが阪神という球団の歴史であった。

選手を堕落させるファン

そして、反感を買うのを覚悟であえて言うが、阪神をダメ虎にした責任の一端はファンにもある。

阪神のファンは熱狂的だ。たとえビジターのゲームであっても、スタンドは三塁側から埋まっていく。ホームチームのファンより阪神ファンのほうが多く、どっちがホームチームだかわからないほどだ。それはチームにとって非常にありがたいことではあるのだが、阪神の場合は、それが〝贔屓《ひいき》の引き倒し〟につながるのである。

たしかに阪神ファンはそれだけ阪神というチームと選手に対して愛情があるのだろう。しかし、子どもに強い愛情を注ぐ親が往々にして過保護になるように、愛情があまりあるゆえの弊害もまた、少なくないのである。過保護な親に甘やかされて育った子どもが増長し、自分のことしか考えないわがままな人間になりがちなのと同じく、阪神の選手もまっとうに育っていない。これは私の実感である。選手を甘やかし、増長させるという点では、ファンもメディアや監督、フロントと同罪だと言っていい。

巨人の選手にも同様のことが指摘できるが、阪神の場合はその比ではない。なにしろ関西では、阪神の選手というだけでたいした実力もないのにちやほやされる。相撲取りを連れまわして悦に入る贔屓筋のことを〝タニマチ〟と呼ぶが、阪神ファンのなかにもそういう人間が多く、どこにいっても持ち上げられる。

私も現役時代は南海という関西のチームにいたわけだが、ファンからそのような扱いを受けたことはいっさいなかった。成績でいえば、阪神よりはるかに上だったにもかかわらず、である。関西の人間にとって東京は憎き存在であり、プロ野球において「東京を代表するチーム」といえば巨人。その巨人をたたきつぶせるのはやはり、同じセ・リーグの阪神だ。だから関西人は、南海や阪急や近鉄よりも阪神を贔屓にしたくなるのだろう。

それに、相撲のタニマチと同じで、そんな阪神の選手を引き連れていれば、それは大きなステイタスとなり、周囲から「さすが」という目で見られる。虚栄心を満足させることができるのである。

その証拠に、タニマチ連中は「選手の面倒をみている」という表現を好んで使う。南海の選手を「面倒み」ても、周囲の目が変わるわけではないし、自尊心をくすぐられるわけでもない。たいしたメリットがないのである。だから、阪神の選手を引き回したくなるわけだ（余談だが、「タニマチ」という言葉も、明治時代、大阪・谷町筋《たにまちすじ》の相撲好きの医者が無料で力士を診察してやったのがその由来だという。こうした行為は大阪人の伝統なのかもしれない）。

それはともかく、入団したばかりで実力が備わっていないうちから、当然人間としてもできあがっていないうちからそんな扱いをファンから受けていれば、選手は勘違いしないほうがおかしい。それでなくてもプロ野球選手の多くは学生時代、野球で結果を出していればたいがいのことは許されて育ってきている。もともとがそうなのに、さらに心地よいぬるま湯につかっていれば、向上心など生まれるわけがないし、努力しようという気持ちも起きなくなる。野球に取り組む姿勢にも甘えが出るのである。

人気商売である以上、私はタニマチの存在を全否定するわけではない。しかし、どうやら阪神のタニマチは、選手を甘やかすだけでなく、監督の悪口を吹き込むらしいのだ。いわく「おまえを使わないなんて、あの監督はまったく野球をわかっとらん」、いわく「あんな監督はどうせすぐにクビになる。少しだけ辛抱していればいい」……。

つまり、過保護な親が往々にして自分の子どもの出来の悪いのを学校や教師のせいにするように、タニマチに代表される阪神ファンは、成績が悪い事に対する怒りの矛先をマスコミ同様、監督やフロントに向け、選手たちはつねに守られるわけだ。「勝てないのは選手ではなく、監督やフロントに原因がある。かわいい選手たちはがんばっているのに、監督やフロントが無能だから結果が出ないのだ」と……。ほとんどの選手は子ども同然だから、それを真に受け、場合によっては監督やフロントに反抗するようになってしまう。

待つことができない関西気質

阪神の監督時代、試合に負けるとかんたんには球場から帰してもらえなかった。とくに巨人に負けたときは、怒ったファンが球場の外で私が出てくるのを待ち構えていた。罵声を浴びせられるだけならまだしも、殴りかかろうとする者さえいる。ブレイザーに較べればまだましだったのかもしれないが、しかたがないので、通用口からでなく、裏口から帰ったほどだった。

ことほどさように阪神ファンという人種は熱しやすいのだが、どうもこれは関西人気質《かたぎ》に負うところが多いように私には思える。

これは、ヤクルトという東京のチームを指揮した私の実感なのだが、東京の野球ファンは目の前で行われている試合そのものを楽しんでいるように見受けられる。対して関西の、とくに阪神のファンはあの甲子園のバカ騒ぎに見られるように、そこに参加すること自体が目的のようだ。観戦と応援の違いと言えばいいだろうか。

そのぶん、ヤクルトファンがチームにはそれなりの距離をとって見守っているのに対し、阪神ファンはまさしくわが子に対するような気持ちでチームに接している。それだけなら問題はないのだが、こうした東西のファン気質の違いは、チームづくりという問題にも関わってくるのである。

とにかく関西人はすぐに結果をほしがる。待つことができない。すぐに結果が出ないと満足できないのだ。一見、東京人のほうがせっかちに見えるけれども、こと勝負事に関しては関西人のほうがはるかにせっかちだ。東京のファンは余裕があるというのか、我慢ができる。これは私がヤクルトという、東京の山の手を本拠地としていて、しかもあまり人気がなく、したがってじっくり育成できるチームを率いていたから感じることなのかもしれないが、巨人ファンだって阪神ファンほどせっかちではない。巨人のフロントはともかく、ファンは選手が育つのを待つ、監督の考えがチームに浸透するのを待つだけの余裕があるように私には思える。その証拠に、近年の巨人の補強を苦々しく思っている巨人ファンはたくさんいる。むしろそのほうが多いのではないか。「こんなことをしていたら、若手選手が育たないではないか」と思っているファンは決して少なくないはずだ。つまり、ホトトギスが鳴かなければ「鳴くまで待つ」のが東京の人間だといっていい。これは徳川家康以来の伝統なのかもしれない。

私のいる東北楽天ゴールデンイーグルスのファンも同様だ。指揮をとる前から、東北人は粘り強いとは聞いていたが、ほんとうに我慢強く、熱心に応援してくれる。しかも、温かい。ふがいないゲームをしても、激昂《げきこう》することなどまったくない。強くなるのを楽しみに待っているように感じられる。もちろん、それに甘えてはいけないことは重々承知しているが、どうしようもないゲームをしてしまったときでさえも温かい声援をいただくと、ほんとうにありがたい。頭が下がる。そして、そうしたファンの期待に応《こた》えるためにも、「絶対に強くならないといけない」と強く思うのである。仙台のファンは、ホトトギスが鳴くのを、東京人以上に楽しみに待っていてくれるのだ。

ところが阪神ファンはどうか。「鳴かぬなら殺してしまえ！」となる。豊臣秀吉に倣えば「鳴かせてみよう」と考えるはずなのに、それを通り越してなぜか織田信長気質を発揮する。だから、結果がすぐに出ないと、監督やフロントを「代えろ！　代えろ！」の大合唱が沸き起こる。じっくりチームがつくられていくのを待てないのだ。

阪神ファンはよく「たまに優勝するからいい」というが、これは私にはたんなる負け惜しみにすぎないと思える。あるいは、「自分は余裕を持っている」と自分自身に思い込ませるための言葉ではないか。そうしていないと、平常心を保てないからである。

東京＝巨人にだけ勝てばいい

そんな関西人の気質が爆発するのが東京に対してである。

関西人はとかく東京を敵視する。私自身、関西出身だからよくわかるのだが、関西人は東京弁が嫌いだ。ものすごく癪《しゃく》にさわる。自分たちがバカにされているような気がするのだ。関西は田舎だとみずから認めているようなものだが、それゆえ東京を嫌う。

大阪を代表するチームが阪神ならば、東京を代表するチームといえばやはり、巨人をおいてほかにない。かくして阪神ファンは大阪＝阪神が、東京＝巨人を叩《たた》きのめすのをなによりも喜ぶ。現実には関西には、私のような巨人ファンも意外に多いのだが、やはり多数を占めるのは阪神ファンである。つまり、大阪の人間にとって阪神・巨人戦は、大阪と東京の〝代理戦争〟の様相を呈するわけだ。

先ほども少し触れたが、一九七三年のシーズンは、最終戦で巨人と阪神が激突、勝ったほうが優勝という状況になった。結果は巨人が九―〇で勝利し、奇跡的に九連覇を達成したわけだが、試合後、怒り狂った阪神ファンがグラウンドに乱入するという事件がおこった。そのうえ、一部のファンが暴徒化し、両軍ベンチになだれ込んだあげく、あろうことか王の顔面にパンチを浴びせたばかりでなく、放送席やカメラマン席を破壊した。

阪神はその前の中日戦に完敗していた。当時の金田監督の不可解な采配もあり、鬱憤《うっぷん》がたまっていたのだろう。が、ここまで怒りが爆発したのは、よりによって巨人を相手にした優勝決定戦であまりにもふがいない試合をしたことが大きく影響していたのではないか。関西人として、大一番で東京のチームに無様な負けを喫したのが許せなかったのである。

そういえば、私も同じような体験をしている。ヤクルトの監督を務めていたとき、甲子園での阪神戦に勝てば優勝が決まるというめぐり合わせになった。その試合には妻が応援に来ていて、スタンドにいたのだが、阪神の敗色が濃厚になるにつれて、つまり目の前で私が胴上げされる可能性が強くなっていくにつれて、甲子園は異様なムードに包まれはじめた。殺気立ってきたのである。さすがの妻も怖くなったらしい。記者に守られて逃げてきたのだ。

話がややそれたが、したがって阪神の選手も巨人戦だけは燃える。私が監督だったころもそうだった。ただ、巨人に燃えるぶん、そのあとがいけない。燃え尽きてしまうのだ。次のカードでは闘争心がなくなってしまう。巨人戦の次のカードの戦績はガタ落ちだった記憶がある。

誤解を恐れずに言えば、阪神の選手たちは「巨人に勝てばほかのチームには負けてもかまわない」と考えているのではないか。ファンの方々もほかの四球団にはボロ負けしたとしても、巨人に勝てば許してしまうのではないか。

その対抗心が数々の名勝負を生んだことは私も否定しない。けれども、それではトータルでいい成績を残すことはむずかしい。巨人に勝つのも、ほかの四球団に勝つのも、同じ一勝である。こうしたいわば〝巨人戦至上主義〟にも、阪神が優勝できなかった一因が隠されていたと感じるのは私だけだろうか。

そういえば昔、阪神＝社会党論というのがあった。その意味は「万年二位」。当時の社会党（現在の社会民主党）が自民党への対抗意識ばかりが先立つあまり、肝心の政権獲得がおろそかになって、つねに自民党の後塵《こうじん》を拝することになったように、村山や江夏、田淵を擁していたころの、それなりに強かった時代の阪神も、巨人への対抗意識が強すぎたことが、「万年二位」という結果につながったのではないかと私は考えるのである。

ダメ虎最大の原因

だが、阪神がダメ虎だった最大の理由はやはり、マスコミやファンから甘やかされ、勘違いしてしまった選手たちに尽きる。

阪神の監督を辞めたあと、阪神選手のタニマチを自認するファンから、こう言われたことがある。

「こう言っては失礼だが、野村さんが監督をやられていたときも、〝ああ、これでは阪神は優勝できない〟と思っていました」

私が「?」という顔をしていると、その人はこう続けた。

「選手同士の会話が尋常ではないんですよ。〝おまえは監督に好かれている〟とか〝おれは嫌われている〟とかいう話ばかりしていた。そんな次元の話をしているようじゃあ、いくら野村さんが監督でも勝てるわけがないと思いました」

「やっぱりな」と私は思った。人間の存在や価値は、自分が決めるのではない。他人が決めるのだ。他人がどう評価するかで決定されるのだと私は考えている。人間は自己愛で生きているから、自分に対しての評価は甘くなる。他人の下した評価こそが正当なのである。それが阪神の選手はわかっていなかったのだ。

二〇〇七年のオフ、楽天でいちばんの高給をとっていた礒部《いそべ》公一《こういち》が大減俸の対象となった。それでFAを宣言した。まだまだやれるという自信があったのだろう。ところが、ふたを開けてみれば、獲得に乗り出す球団はひとつもなかった。これなどは自分の評価と他人の評価が明らかに食い違ったケースと言っていい。

礒部は近鉄バファローズ出身である。近鉄といえば、〝いてまえ打線〟。とにかく「自分が打てばいいだろう」という考えで野球をやっている。チーム優先主義、すなわち「チームが勝つために自分が何をすればいいか」という考えはこれっぽっちもない。自分の打率しか計算していない。いてまえ打線の悪しき影響からいまだ抜けられていないのである。たとえば、これがアレックス・カブレラとかタフィ・ローズ級の大砲だったら、食指が動く球団はあるだろう。が、礒部あたりの選手がそんな考えをしていては、年齢と年俸を考えれば即座に「いらない」という結論が出るに決まっている。

もうひとり、やはりいてまえ打線出身の中村紀洋《のりひろ》という選手がいる。おそらく彼もかつては礒部と同じような考え方をしていたと思うのだが、二〇〇六年のオフにオリックスからリストラされ、どこにも行くところがなくなって、結局育成選手として中日に入団した。相当応えたはずだ。あらためて自分への評価というものを知った彼は、心を入れ替えたのだと思う。それが、二〇〇七年日本シリーズのMVPという結果につながった。

人間はどん底まで落ちれば、意識が変わる。が、心地よいぬるま湯に浸かっていれば、いつまでもそのままだ。礒部も今回のことで、中村のように、あらためて自分のほんとうの評価を身に染みて知らされたと思う。心を入れ替えれば野球に取り組む姿勢も変わり、選手寿命はまだ延びるはずだ。

阪神の選手たちは、以前の中村や礒部と同じだと言える。周囲にちやほやされて、自分はすごいと勘違いしている。批判されることが少ないから、自分はこれでいいと考えてしまう。悪いのは自分をうまく使わない監督やコーチだと思ってしまう。だから、心の底から真剣に野球に取り組もうとしない。自分では真剣にやっているつもりなのだろうが、周囲からはそう見えない。

そもそもメディアやOBがちやほやするのも、その選手をすごいと思っているからではない。そうしなければ、自分の飯の食い上げになるからだ。けれども、選手はそこに気がつかない。自分がスターだからそうされていると思っている。スターだからそれが当然だと、何の疑問も抱かない。つまりは典型的な〝お坊ちゃん体質〟。みんながそうだとは言わないが、それが阪神タイガースという球団全体を覆っていたわけだ。ここに、阪神が長年勝てなかった根本的な理由があったと私は思うのである。

第二章　なぜ、阪神監督で失敗したか

久万オーナーの一言

私が阪神タイガースの監督就任要請を受けたのは、一九九八年の秋だった。

その年、阪神は最下位。しかも、日本一に輝いた翌年の一九八六年に三位になったのを最後に、その後は九二年をのぞいてずっとBクラスに低迷、九八年までの一二年間でじつに最下位が七度という〝ダメ虎〟ぶりであった。

あまりの成績不振がついに球団経営にも影響をおよぼすようになり、さすがに球団首脳たちにもなんとかしなければいけないという危機意識が芽生えたのだろう。阪神には縁も所縁《ゆかり》もない私ではあるが、ヤクルト時代の実績が買われ、白羽の矢が立てられたわけである。

代々OBが監督を務めてきているし、生え抜き以外の監督はだいたい失敗している。当然、どんなに弱くても私へのオファーなど絶対にないと思っていたから、まさしく青天の霹靂《へきれき》であったが、久万オーナー（当時）直々に熱心に誘ってくださった。

「いま、タイガースはどん底の状態にあります。来年、一からスタートするにあたり、監督にふさわしい人物は野村さんしかいないのです」

九年間お世話になったヤクルトではリーグ優勝四回、うち三度の日本一を達成し、それなりの結果は残したという自負が私にはあった。

「いくら〝ダメ虎〟と呼ばれて久しいタイガースであっても、同じように指導すれば数年のうちに結果はついてくるはずだ」

そう考えていた。

だが、そんな考えは「甘かった」とすぐに痛感させられることになった。

エースと四番の不在

監督になった私の最初の仕事は、補強に対する私の考えを編成部に伝えることだった。

監督になるといつも私は、編成部に「意識改革」を促す。チームを強くするには、補強と育成しかない。このふたつがうまく機能して、チームはつくられていく。現場、すなわち監督の仕事は育成にあたる。補強面を担当するのが編成部である。

編成部は、ひとことで言えばスカウト業務を担っている。トレードも含めて、チームにとって必要なのはどのような選手なのか。将来目指すべきチームの方向性も見据え、いま獲得すべき選手は誰なのか。即戦力と育成型のバランスをどのようにとるのか――選手の能力を正しく見極め、現場とコミュニケーションをとりながら、判断し、決定する。それが編成部の役割だ。だからこそ監督就任と同時に私は編成部に自分の考えを伝え、それに沿った補強をしてくれるよう、要請するのである。

当時の阪神の戦力における最大の問題は、チームの中心、すなわちエースと四番がいないということだった。

「中心なき組織は機能しない」――これは私の持論である。私のいう中心選手とは、ただ打てばいい、投げればいいというものではない。チームの「鑑《かがみ》」にならなければいけない。野球に対しての取り組み方はもちろん、日頃の態度、自己管理意識など、すべてにおいてチームの手本とならなければ充分ではないのだ。中心選手がそうであってこそ、ほかの選手も「自分もやらなければいけない」と心の底から考えるようになる。

また、同じアドバイスをするにしても、監督やコーチから言われるのと、尊敬すべき先輩から言われるのとでは、受ける影響が違う。監督やコーチは、あくまでも「見て感じた」ことしか言えない。対して選手は、「自分がプレーして感じた」ことを伝えられる。「ともにプレーして感じた」こともアドバイスすることができる。

チームにそういう先輩選手がいるのといないのとでは、若い選手たちの野球に取り組む姿勢がまったく違ってくる。真の中心といえる選手がいるだけで、チームはおのずと正しい方向に進むものなのである。

現在私が指揮を執っている楽天では、そうした役割を山﨑武司《やまさきたけし》が果たしてくれているのだが、当時の阪神にはそれが可能な選手がいなかった。もちろん、〝開幕投手を務めるピッチャー〟や〝四番目のバッター〟はいた。しかし、チームの中心たりえる真のエースと四番はいなかったのだ。

「エースと四番は育てられない」というのも私の持論であり、長年のプロ野球生活でわかった真実でもあった。いつの時代でも、どこのチームでも、真のエースと四番と呼べる選手は、その役割を期待されて即戦力で入ってきた選手か、ほかの球団でそういう存在になってから移籍してきた選手ばかりである。まったくの無名選手として入団し、二軍から這《は》い上がってきたような選手はほとんどいないというのが現実なのだ。

それがわかっていたから、私は編成部に対して「エースと四番を獲《と》ってくれ」と要請した。ドラフトでも「近い将来チームの中心を務められるような即戦力を指名してくれ」とお願いした。

けれども、FAやトレードでは大きな補強は得られず、監督就任が決まって最初のドラフト、つまり一九九八年のドラフトで一位に指名したのも高校生の藤川球児《ふじかわきゅうじ》だった。いま振り返れば、この現実がそれからの三年間を象徴していた。結局私は、最後までこの「エース四番の不在」という問題に悩まされることになるのである。

「野村の考え」を聞かない選手たち

こうしてたいした補強がないまま、私は春季キャンプを迎えることになった。

監督になって最初のキャンプこそが、その後のチームの方向性を決定する。私はそう考えている。ふつう、選手は新しい監督がどんな人物なのか興味を持っている。そこにガンと一発かますことで、選手たちの顔をこちらに向けさせるのである。選手たちに「意識改革」を迫るわけだ。ヤクルト時代のキャンプでは毎晩ミーティングを開き、私の野球論、人生論を叩《たた》き込んだ。

そこで阪神でも同じようにミーティングを行い、「野村の考え」を説いていった。選手への要望をはじめ、組織、戦略と戦術、打撃、守備、走塁など野球のあらゆることに対する私の考えを話していったのである。

しかし、ほとんどの選手は私の話などまったく聞いていなかった。もちろん、メモもとらない。ヤクルトの選手とは対照的だった。当時のヤクルトも弱いチームではあったが、だからこそ、選手たちには向上心があったし、もっと野球を勉強したいという気持ちを強く持っていたように思う。ヤクルトの選手たちは、巨人の陰に隠れてあまり人気がなく、試合は巨人戦以外テレビ中継されないし、しかも弱かったから当然メディアへの露出も少なく、したがって知名度もない。が、そのぶん強くなって見返してやりたいという意識は高かった。目を輝かして私の話を、それこそ身を乗り出して聞いていた。

「ああ、野球というのは、そういうふうに考えてやるのか」

選手が驚いているのが、無言のうちにも伝わってきた。

最近、あるテレビ番組にヤクルト時代の教え子である池山隆寛《たかひろ》が出ているのをたまたま見る機会があった。何を話すのだろうと思っていると、池山はどのくらいの高さだったろうか、ノートを何冊も積み上げてこう言った。

「これがいまの僕の力になっています」

それらのノートはヤクルト時代にミーティングなどで私が話したことをメモしたものだった。

「あの池山がなあ……」

驚くとともに、私はすごくうれしくなった。当時の私は池山のことを、広沢克己《かつみ》（広澤克実）と並ぶ問題児だと思っていた。ホームランか三振かという豪快なバッティングから〝ブンブン丸〟と呼ばれ、明治大からドラフト一位で入団した広沢とともに、ヤクルトのなかでは数少ないスター選手だったが、それだけにプライドが高かったのだろう。当時はそれほど真剣に話を聞いているふうには見えなかった。

その池山でさえ、そうした努力を積み重ねていたのである。いま、あらためて謝罪する。私は池山を誤解していた。向上心のない選手だと思っていたのだ。

一方、阪神の選手はどうだったか。

もう、子どもとしかいいようがなかった。しかも、過保護な親のもとで育った子どもがとかくプライドだけは高く、わがままで、手に負えなくなるように、阪神の選手も周囲から徹底的に甘やかされてきた結果、実力が伴わないくせに態度だけは一人前。悪い環境、悪しき伝統に染まっている様子が伝わってきた。

「野球は理屈じゃないよ」

「そんなことで勝てるんだったら、かんたんだよ」

心のなかでそう言っているかのようだった。ヤクルトの選手と違って、知名度は少なくとも関西では抜群だから、別に成績が上がらなくても安閑としていられる。それだけに、野球に取り組む姿勢はヤクルトの選手たちとは比較にならないくらい悪かった。

いま考えれば、ヤクルトの選手たちは大人だったと言える。阪神の選手で私の話を真剣に聞いているなと感じさせたのは、桧山進次郎《ひやましんじろう》と矢野輝弘《あきひろ》を除けば、ルーキーたちくらいだったのではないか。まさにぬかに釘《くぎ》、暖簾《のれん》にうで押し状態だった。

ただ、私にも反省すべき点はあった。ヤクルトのときと違って、今回はあらかじめ自分で執筆した「野村の考え」を選手たちに配付したのである。ヤクルトではホワイトボードに私が内容を記し、選手たちにメモをとらせながらミーティングを進めていったのに対し、阪神では印刷したテキストを読み上げるかたちで進めていった。だから、選手はメモをとる必要がなかったのだ。これが間違いだった。

すぐに結果を出すことを求められ、時間がなかったという理由もある。学校の授業すらまじめに聞いたことがなかったであろう選手たちに、「講義」に臨む姿勢を一から教えるのはこちらにそれなりの我慢が必要だ。横着してしまったのかもしれない。

「あれは失敗だった」と私自身、後悔しているのだが、ある評論家にも「それではダメですよ」と言われた。

「学生時代のことを考えればわかるでしょう。いくら参考書を買ったって、開かなかったはずです。それと同じですよ。ほんとうに必要に迫られて、自分からノートをとるようにならないと、絶対に身につかないものなのです」

そのとおりだった。池山が何冊もノートに書きとめたのに対し、阪神の選手がノートに何かを書きつけているのはほとんど見かけなかった。

「これは大変なことになるな。強くするなんてとんでもないぞ」

死んだような目をしている選手たちを見ながら、私はそう思ったのだった。

「非難」の真意が通じなかった今岡

阪神には、エースと四番だけでなく、チームリーダーと呼べる選手もいなかった。自分の成績しか考えない選手ばかりだと私には見えた。

エースと四番は育てられない。だから、編成に獲得するよう頼んだ。しかし、チームリーダーを育てるのは、ある意味では監督の仕事でもある。「意識改革」を施せば、それまでちゃらんぽらんな選手であっても、生まれ変わらせることは不可能ではないからだ。

その候補は和田豊《ゆたか》や大豊泰昭《たいほうやすあき》といったあたりだったが、和田は「監督が代わっても僕らがやることは変わらない」と発言したし、大豊は「三振する危険があってもホームランを狙いにいく」と公言していた。自分から変わろうという意識がまったく見られなかった。

そこで期待をかけたのが今岡誠《いまおかまこと》だった。

今岡は、私から見ても非常に才能のある選手だった。近い将来は阪神の中心を担うべき選手だった。しかし、ミーティングでは私の話をほとんど聞いていない様子で、いっさいメモもとっていなかったと思う。

こんなこともあった。今岡がショートとして出場したある試合、二《ツー》アウト、ランナー二塁という状況で二遊間にゴロが飛んだ。それほど強い打球ではない。飛びつけば捕れないことはなかった。捕れなかったとしてもボールを止められれば内野安打ですむ。そうなればセカンドランナーはホームに還《かえ》ってくることはできない。にもかかわらず、今岡は飛び込もうとすらしなかった。それまでも、捕れないと自分で判断したファールフライは追わないなど、怠慢なプレーが続いていた。こういうプレーは私がもっとも嫌うところである。しかも今岡は、名ばかりだったとはいえ、阪神の中心選手。チームの士気にも関わってくる。第一、お金を払って球場に来てくれるファンに対して失礼だ。

私はこうした今岡の態度が許せなかった。今岡に期待するからこそ、私は彼を変えなければならないと考えた。「人間は無視・賞賛・非難の段階で試される」という。これは一流の人間を育てる原理原則でもある。見込みがない時期は「無視」。可能性が見えてきたらとにかく「賞賛」する。そして、チームの中心、主力選手になった時点で「非難」するわけだ。

プロとは、当たり前のことを当たり前にやる人間のことをいう。無視されたり、賞賛されているあいだはまた半人前であり、アマチュアなのである。非難されるようになって、ようやく一人前。逆にいえば、非難されるということは、それだけ期待されているという意味なのだ。主力であるにもかかわらず、期待通りやっていないから非難されるのである。もっと育ってほしいという愛情があるから厳しくなるわけだ。

ヤクルトのときは、ミーティングでそのことを力説した。

「非難されるような選手にならないとダメだ」

なかでも古田《ふるた》敦也《あつや》に対してはかわいそうなほど厳しく接した。古田は「こんちくしょう!」と思いながらも、非難の真意を受け止め、がんばった。だからこそ、古田は一流になったのである。

私は、今岡に対しても同じやり方をすることにした。今岡はすでに「賞賛」の段階は過ぎている。そこで記者たちにこう言って、彼を「非難」したのである。

「たしかにバッティングはいい。だが、走れない。肩はいいけど、守備範囲が狭い。チームのことを考えず、自分の打率しか計算していないのと違うか？」

私の真意はもちろん、今岡の自覚を促し、発奮させることにあった。ところが、今岡には通じなかった。というのも、どうやら私の発言が、取り巻きの記者連中によって曲がって今岡に伝わったようなのだ。私の真意は今岡には届かなかった。

いま振り返れば、今岡が私に対してあからさまに不平・不満を示すようになったのは、このときからだ。今岡がそんな態度を見せるようになった理由は、私にはこの件しか思い当たらない。

何度も監督室に呼んで、訊《たず》ねてみた。

「おまえは真剣に一所懸命プレーしていると胸を張って言えるか？　なにか不平不満をもってプレーしているようにしか見えない。どうして溌剌《はつらつ》と元気にプレーできないんだ？　ここにはおれとおまえしかいないんだから、正直に言ってみろ」

しかし、彼は黙っているだけだった。いっさい理由を言わなかった。そして、その態度は私のいた三年間、変わることはなかった。結局、彼は私の真意をわからずじまいだったのである。

天才児・新庄の操縦法

もうひとり、チームの中心にするべく目をかけたのが新庄剛志《しんじょうつよし》である。といっても、彼には今岡のようにチームリーダー役を期待したわけではない。

新庄は阪神を象徴するような選手である。つまり、「難しいことは考えず、とにかく楽しくやりたい。格好よくやりたい」というタイプだ。それに、読者の方も容易に想像できると思うが、「ほかの選手の手本になれ」と彼に言ったとしても、どだい無理な話である。

私が彼に望んだのは、ムードメーカーとしての役割だった。明るく、溌剌とプレーすることで、チームの雰囲気を明るくしてほしかったのだ。当時の阪神にはそういう選手がいなかった。それができるのは新庄しかいなかったし、まさしく適任だと考えたのである。

だから、今岡とは対照的な接し方をした。新庄は、外見と裏腹に繊細でナイーブ、今岡と違って傷つくようなきついことを言ったらいけないタイプだった。こういう人間はおだてるのがいちばんの操縦法だと、私は新庄を通して学んだ。おだてたり、ほめたりするのは、照れくさくて、もっとも苦手とするところなのだが、新庄のおかげで身についたのだ。

しかも、新庄はあきらかに半人前。となれば、徹底して「賞賛」するしかない。ほめて、おだてて育てていくしかなかった。悪い表現だが、子ども扱いすればいい。私はそう思った。

最初の春のキャンプで新庄に訊ねたのは、「おまえは何番を打ちたいんだ？」ということだった。

間髪を容れずに彼は答えた。

「それは四番ですよ」

「じゃあ、打たせてやるわ」

ということで四番を打たせることにした。ミーティングでは私の話をじっくり聞くタイプでもないし、そのうえ考えることは大の苦手。「とにかく楽しく、気持ちよくやりたい」という一心だけ。その代わり、興味を持ったり、気持ちが乗ったときは超人的なプレーをする。筋肉、バネ、脚力、瞬発力なども動物的。まさしく天才児というしかなかった。

最初のキャンプで私が新庄にピッチャーをやらせたことが話題となったが、これも「気分よく野球をやらせる」ためである。もちろん、話題づくりとかほかの選手に発奮を与えるという狙いもなかったわけではないが、要は新庄を乗せるための手段だったのだ。

矢野を起用した理由

「優勝チームに名捕手あり」と私は常々言ってきた。複雑化した近代野球では、捕手の役割は非常に大きい。捕手とは守りにおける〝監督の分身〟なのである。ゆえに、強いチームには名捕手が必要不可欠なのだ。巨人のV9は森昌彦《まさひこ》（祇晶《まさあき》）の存在を抜きには考えられないし、ここで言うのもおこがましいが、南海が何回も優勝争いをできたのも、私がホームベースを守っていたことが寄与していたと自負している。だからヤクルト時代、私は古田を手元に置き、捕手とはなんたるかを徹底的に叩き込んだ。

はっきり言うが、阪神の歴代捕手には「名捕手」と呼べる選手はひとりもいなかったと私は思っている。ダイナマイト打線の一角を担った土井垣さんにしろ、村山、小山とバッテリーを組んでいた山本哲也《てつや》さんにせよ、元気いっぱいで、記憶に残る名選手ではあるが、インサイドワークがなによりも要求される今日の意味での〝名捕手〟とは言えないと私は思う。

もちろんそれは、そのころの野球が捕手に要求していたものが「頭脳」よりも、「身体の頑強さ、元気のよさ」だったからであり、当時はほかのチームだって大差はなかった。私だって言われるのは、「元気を出せ！　声を出せ」ということばかりで、配球のことなんか、これっぽっちも注意されたことはなかった。いつも「土井垣を見習え！　山本を見習え！」と怒られていたものだ。

しかし、その後巨人が〝ドジャースの戦法〟を導入するなどして野球の近代化を進め、ほかのチームが追随するようになってからも、阪神にはそういう捕手は現れなかったといっていい。〝ヒゲ辻《つじ》〟こと辻佳紀《よしのり》も土井垣〜山本の系譜に連なるタイプだったし、田淵はまず打撃ありき。木戸《きど》克彦《かつひこ》も私から見れば物足りなかった。

この「名捕手不在」も阪神が長らく優勝できなかった一因だったと私は考えているのだが、当然、私が監督に就任したときの阪神にも名捕手はいなかった。「正捕手」と呼べる選手すらいなかったのである。

そのころの正捕手候補は、山田勝彦《かつひこ》、定詰雅彦《じょうづめまさひこ》、北川博敏《きたがわひろとし》、矢野輝弘といったところだった。が、いずれもどんぐりの背比べ。そのなかで私は矢野を重用することになるわけだが、それもいわば消去法に過ぎなかった。

まず、定詰と北川はキャッチャーとしては私の目には論外だった。となると、山田か矢野しかいないわけだが、山田はひと言でいえば、まじめすぎた。

ある試合のことだ。ノーアウト、ランナー三塁で山田に打席が回ってきた。山田は非常に責任感が強い。

「なんとしてもランナーをホームに還そう」

その意気込みは十二分に伝わってきた。ところが、その気持ちが強すぎて、冷静さを失っていた。手が届かない球やベースの前でバウンドするような変化球を空振りする。来た球はなんでもかんでも打とうとしているのである。いやしくもキャッチャーであるなら、状況を見極め、相手バッテリーの配球を読んだうえで狙い球を絞るとか、どうすれば効率よくランナーを還せるか考えるものだ。「ピンチやチャンスで自分を見失うようではキャッチャーは無理だ」と私は感じた。

となれば、もはや矢野しかいない。ただ、矢野のリードにも私は物足りなさを感じていた。あまりにセオリーに忠実すぎるのだ。つまり、外角主体の無難なリードがほとんどなのである。これはいまでも変わっていない。おそらく彼の性格なのだろう。

しかし、「一流」のキャッチャーは、それだけではダメなのだ。捕手業とは頭脳労働である。それだけに配球に奇策を組み込まなければいけない。これは捕手としての私の持論なのだが、配球とは正攻法と奇策の組み合わせで成り立つものである。王道のリードだけでは、往々にしてパターン化する。つまり、矢野のような正攻法だけのリードでは、データ野球全盛の現在ではすぐに解析され、読まれてしまう。そこが古田との違いであり、いまだ矢野が古田の域には達していないと私が考える理由でもある。

古田は無茶《むちゃ》をするのである。私にも理解できないことがしばしばだった。だから、チェンジになってベンチに帰ってきたときに、「何でそこでインコースなんだ!」「どうしてストレートを投げさせたんだ、説明せい!」と、よく私は〝一球の根拠〟を訊ねた。そこで古田はあらためて考える。それが古田が育っていった大きな要因になったと私は思っている。

だから、正直に言って私は矢野の力を積極的に買って正捕手に起用したのではない。ただ、彼は非常にまじめだったし、私の話もよく聞いていた。大いなる勉強意欲を感じさせた。それで正捕手に据えることにしたのである。

「キャッチャーを消せ」と福原に助言

阪神には「エースと四番がいなかった」と先に述べた。だから「獲ってくれ」と編成に要請したが、その願いがかなえられなかったことにも触れた。しかし、だからといってエースと四番がやってくるまでシーズンは待ってくれない。獲得できないのなら、いまある戦力のなかでどうにかしなくてはならない。

とはいえ、とりあえず四番は外国人に任せるとしても（これもとんでもない誤算だったわけだが）、「野球の勝敗は投手の役割が七割を占める」というのが持論の私にとって、エースの不在はもっとも悩ましい問題だった。

当時の主軸は川尻哲郎《かわじりてつろう》、藪恵壹《やぶけいいち》、湯舟敏郎《ゆふねとしろう》といったピッチャーたちだったが、ベテランが多かったし、私には物足りなかった。そこでエース候補として期待をかけたのが福原忍《ふくはらしのぶ》だった。当時の阪神の投手は技巧派が多く、一四〇キロ以上のボールを投げられる福原は魅力的だったのである。

たしかに福原は速いボールを投げた。だが、速球派の宿命として、コントロールが悪かった。そのことを彼は自覚していたのだが、気が弱いというのか、やさしいというか、自覚していたがゆえに、ミットめがけて投げようという意識ばかりが勝ってしまっていた。結果、腕が縮こまって、投げ方が小さくなってしまう。コントロールに気を遣えば遣うほど、どんどん投げ方が小さくなってしまっていたのが当時の福原だった。

そこで私はこう言ってやった。

「キャッチャーじゃなくて、甲子園のバックネットをめがけて思い切り投げろ！」

なまじミットを狙おうとするから、投げ方が小さくなってスピードも乗らない。それならいっそのこと、「視界からキャッチャーを消して、バックネットに投げる気持ちで放れ」と命じたのである。

そのうえで、福原には「原点」の重要性を説いた。ピッチングの「原点」とはすなわち、外角低めである。ここにどれだけきちんと投げられるか。これでそのピッチャーの価値は決まる。私はそう考えている。外角低めはすべてのバッターに共通する苦手ゾーンである。そこで私は原点に投げられる精度を「原点能力」と呼び、その能力の多寡によってピッチングを組み立てるようにキャッチャーに指導している。外角低めにきちんと投げられさえすれば、ピッチングの幅は大きく広がる。〝困ったときの原点〟なのである。

私は福原をセットアッパーとして起用することにした。もちろん、ほんとうは先発として使いたかった。が、当時の福原の制球力では一、二イニングは任せられても、長いイニングは無理だったのだ。

野村再生工場・遠山編

主に中継ぎとしてチーム唯一の二桁《ふたけた》勝利をあげた福原とともに弱小投手陣を支えてくれたのが、遠山奬志《とおやましょうじ》だった。

ご承知のように遠山は、もともと一九八五年にドラフト一位で阪神に入団し、一年目から八勝をあげた投手だった。その後九〇年オフにロッテオリオンズに移籍、一時は打者に転向したものの、九七年かぎりで自由契約となり、テストを受けて阪神に戻ってきた。

当時のセ・リーグには、松井秀喜《ひでき》を筆頭に高橋由伸《よしのぶ》、ロベルト・ペタジーニ、鈴木尚典《たかのり》ら左の強打者が多かった。にもかかわらず、阪神には左ピッチャーが少なかった。サウスポーの遠山の存在は貴重だった。

まだ選手としての可能性は残されているのに、指導者が気づかずに適切なアドバイスをできなくて、そのまま辞めていってしまう選手を私はたくさん見てきた。そのたびに「指導いかんによっては選手寿命が延びたり、生き返ったりするかもしれないのに……」と残念に思ってきた。

一度どん底まで落ちた選手は、「なんとかもうひと花咲かせたい、このままでは終われない」という気持ちが強い。だから、アドバイスに素直に従うし、懸命に野球に取り組む。

私はそうした選手を引っ張ってきて再生させるのが好きなので、いつのまにか〝野村再生工場〟と呼ばれるようになったわけだが、その目にかなったのが遠山だった。

ただ遠山は、速球派だった新人のころのピッチングを捨てられないでいた。もはや球速は一三〇キロ台前半がせいぜいだったにもかかわらずだ。そこでまず私は言った。

「いまのきみには先発は無理だ」

そして、こう諭した。

「ピッチャーの仕事には、先発、中継ぎ、ワンポイント、ストッパーがある。が、おまえの現状からいえば、まずはワンポイントだ。左打者に対してのワンポイントリリーフとして使う。そこからチャンスを広げていこう」

彼にはストレートとスライダーしか持ち球がなかった。しかし、逆にいえばそれはまだ再生の道が残っていることを意味していた。新しい球種を覚えればいい。ピッチャーというものは、ひとつ球種が増えれば、一年、二年と寿命が延びるのである。

先日亡くなった稲尾《いなお》和久《かずひさ》にしても四〇〇勝した金田《かねだ》正一《まさいち》さんにしても、全盛期はストレートとカーブしか放らなかった。が、選手生活の晩年が近づくにつれてスライダーやフォークボールを覚えたおかげで、勝ち星を増やすことができたのを私は知っていた。

私は遠山に言った。

「シュートをマスターしなさい」

そのうえで「もう少し投げる腕を横に落とせ」とアドバイスした。たいていの左打者にとって、左のサイドスローより打ちにくいものはない。スライダーに加えてシュートがあれば、鬼に金棒である。外のスライダーを踏み込んで打とうとすれば内角にズバッとシュートが食い込んでくるし、シュートに意識があれば外角に逃げていくスライダーにバットが届かない。

遠山はものの見事にシュートをマスターした。松井や高橋のバットが遠山のシュートに詰まらせられるのをベンチで見るのは、痛快だった。とくに松井は完璧に抑えこんだ。松井は遠山の「顔を見るのもいや」と語っていたほどだ。

遠山はその後ワンポイントから中継ぎに昇格。右のサイドスローの葛西稔《かさいみのる》とのコンビで、〝ひとり一殺〟をこなしてくれ、それは阪神の数少ない勝ちパターンとなった。

どうしようもなかった編成部

こうした選手たちの健闘はあったものの、私の一年目は散々な成績に終わった。私が監督になり、メディアの注目を浴びたことで選手たちが一瞬やる気を見せたせいか、序盤は首位に立ったこともあったが、その後は急降下。終わってみれば五五勝八〇敗で〝定位置〟の最下位に沈んでいた。

福原や遠山を登用したほか、足の速い田中秀太《しゅうた》を抜擢《ばってき》するなどして機動力に活路を見出《みいだ》したとはいえ、やはり戦力不足はいかんともし難かった。〝エース〟の藪は六勝（一六敗）、川尻は三勝（五敗）。四番を任せたマイケル・ブロワーズはさっぱりで、途中退団してしまった。

けれども、編成部が本気になって補強を進めている気配は一向に感じられなかった。監督就任要請のとき、久万オーナーが「全面的にバックアップする」と言ったにもかかわらず、である。

編成部の重要性については、先に少し述べた。あたりまえの話ではあるが、弱いチームはここが機能していない。現場とも乖離《かいり》している。編成は「選手が育たないのは現場の指導力が足りないせいだ」といい、現場は「いい選手を獲ってこないからだ」と反論する。責任のなすりあいをするのである。

あるいは、現場ではエース級の投手がほしいといっているのに、四番打者ばかり獲ってきたり、同じポジションの選手ばかり獲得したりするという事態も頻繁に起きる。ひところのどこかの金満チームがまさしくそうだった。それならまだいい。「金がないから」と、獲らなければならない選手と交渉すらしない場合もある。こうしたことを避けるためにも、監督就任と同時にいつも私は、編成部に自分の意向を伝えるわけだ。

阪神の編成に伝えたのは、前述したように「エースと四番を獲ってくれ」ということだったが、とりわけエースの不在は切実だった。そこで、「ドラフトでは即戦力の投手を指名してくれ」と要求した。

野球は〇点に抑えれば絶対に負けない。一〇点取っても一一点取られれば負けてしまう。それが野球というスポーツの特質である。とすれば、守り重視。守備を強固にしていけば、それだけ負ける可能性は少なくなるわけだ。

では、守りの中心とは何か。言うまでもなく、ピッチャーである。チームを強くするには、なによりもピッチャーが大切だ。だから、まずはピッチャーを獲得しなければいけない。それが補強に対する私の信念である。

もちろん、即戦力となるピッチャーはドラフトで一度に何人も獲れるわけではない。だから即戦力を補強する一方で、将来性のあるピッチャーを指名し、育成する必要がある。

毎年一人ずつ即戦力のピッチャーを獲っていけば三年で三本柱ができる。そのあいだに若いピッチャーを育成していけば、三年後には屈強な先発陣ができあがるのである。

チームというのは、即戦力型と育成型、両方の選手でつくられる。編成はそのことを念頭に置いて、選手を選ばなくてはならない。

ヤクルトの監督になったときも、私は編成にそのような話をした。「そういう考え方で選手を獲ってください」と……。それがものの見事に計画通りにいった。

一年目のドラフト。野茂英雄《のもひでお》は逃したものの、西村龍次《たつじ》と古田を獲った。二年目の一位指名は岡林洋一《おかばやしよういち》である。高津臣吾《しんご》もこの年の入団だ。そして翌年は石井一久《かずひさ》。その次の年は松井秀喜がいたので最後まで迷ったが、伊藤智仁《ともひと》を指名した。何より抑えが必要だったし、「ホームランバッターは外国人でもいいから」と私が決めた。こうした投手たちを獲得できたからこそ、ヤクルトは三年目でリーグ優勝できたのである。

ところが阪神ではどうだったか。

監督になって最初のドラフトで私が「即戦力の投手」を要望したにもかかわらず、一位指名は高校生の藤川球児だったことは先に述べた。この年は大阪体育大の上原浩治と横浜高の松坂大輔が目玉だったのだが、阪神の編成は「金がかかるし、来てくれるわけがない」とふたりをはなからあきらめていた。

のちに〝JFK〟の一角を担うことになる藤川はたしかに逸材だったろうし、いまから振り返れば成功したように思えるかもしれない。が、一軍で活躍するようになるまで七年かかっている。余裕があるチームならともかく、当時の阪神が真っ先に獲るべき選手ではなかった。三位で福原忍を獲得できたのがせめてもの収穫だったとはいえ、この年はほかに小林雅英《まさひで》が千葉ロッテマリーンズに入団している。

二年目も私の要求は変わらなかった。が、ふたを開けてみれば編成が選んだのは内野手の的場《まとば》寛壱《かんいち》。編成に言わせれば、「一〇年にひとり出るか出ないかの逸材」だという。が、この年は巨人が指名した高橋尚成《ひさなり》やロッテに入団した清水直行《なおゆき》、ヤクルトに行った藤井秀《しゅう》悟《ご》といった投手がいたのである。本気で獲りにいけば、獲れる可能性はあったはずだ。しかも、「逸材」だったはずの的場は、入団時にひざを痛めていて、ほとんど出場機会のないまますでに引退している。そもそも、なぜだか理由はわからないが、球団社長や編成部長は指名候補選手の名前すら私に教えてくれなかったのである。

オーナーに直談判

正直、一年目のシーズンを終えた時点で私は監督を辞めたかった。とてもじゃないが、このような孤立無援の状態ではチームを強くすることなどできないと感じたからだ。だが、契約は三年である。投げ出すわけにはいかなかった。

しかし、二年目も同じような戦いが続いた。星野伸之《のぶゆき》と広澤克実をFAで獲得したものの、やはり戦力は足りなかったし、なにより選手の意識にたいして変化が見られなかった。

とにかく阪神の選手たちは淡々と野球をやっていた。バッターはどんなピッチャーに対しても同じ対応をしていた。アウトカウントやボールカウント、ランナーの有無といった状況も考えずに、狙い球も絞らず、ただ来た球を打ちにいっていた。バッテリーにしても打者のタイプや状況を考慮しないで向かっていっては痛打されていた。ミーティングで私が教えたことがまったく身についていなかった。期待されながらも一年目で最下位に終わったことで、もともと薄かった選手からの信頼がさらに薄れているようにも感じられた。メディアによるバッシングも日に日に強まっていった。

「もう限界だ。辞めさせてもらおう」

オールスター中の休みを利用して、私は久万オーナーに面会を求めた。

「このまま監督を続けても、球団に迷惑をかけるだけです。辞めさせてください」

オーナーは引き止めた。「できることは協力するから続けてくれ」と言った。

「だったら言わせていただきます」と断って、私は思いのたけをぶちまけることにした。

「オーナー、あなたは監督を代えればチームは強くなると思っていませんか」

「すべてではないだろうが、いちばん大事なのは監督だろう」

「監督を代えれば勝てたのは、根性野球、精神野球の時代までです。昔は野球の本質を理解せずに野球をやっていたから、そこに少し頭脳を加えただけで勝てたのです。でも、そんな時代は終わりました。これだけ情報が発達し、技術も高度になった現在では、監督だけ代えてもチームは強くなりません。あなたはかつてのような古い考えだけで私を引っ張ってきたのではないですか？」

オーナーは黙っていた。ただ、見る見る顔が赤くなっていった。かまわず私は続けた。

「そんな古い考えは即座に捨ててください。だいたい、阪神は即戦力のいい選手がいても、競合するとすぐにあきらめてしまうじゃないですか。その選手が一〇年にひとりの選手なら、何億つぎこんだって、すぐにもとはとれる。〝巨人が一〇億出すのなら、こちらはその倍出しましょう〟というくらいの意欲を見せてほしいと思います！」

するとオーナーは気色ばんでこう言った。

「じゃあ、きみは巨人のやっていることが正しいと言うのかね？」

「正しいと思いますよ。とにかく、早急にエースと四番を獲ってください」

オーナーの血圧はさらに上がったようだった。そして、「ぶっ倒れるんじゃないか」と思うほど顔を赤くして言った。

「毎年たくさんの選手を入団させているのだから、あなたならエースも四番も育てられるだろう！」

私は言い返した。

「なるほど、わかりました。失礼ながら、阪神がここまで低迷している第一の原因はオーナー、あなたですよ。エースと四番は育てにくいというのは事実です。阪神の歴史を見てもわかるでしょう。育ったといえる四番は掛布くらい。ランディ・バースやトーマス・オマリーは外国人です。田淵にしても、育てたのではなく即戦力でした。つまり、チームを強くするにはお金がかかるということです」

会談は三時間半にも及んだ。そのときは明確な言質はとれなかったが、あとで伝え聞いたところでは、オーナーはこう語ったという。

「……野村の言うことはいちいち腹が立つ。けれども、よく考えてみるともっともだなあ」

「的当て」で開眼した井川

オーナーは私の言うことを理解してくれた。とはいえ、それが現実になるのをただ待っているというわけにはいかない。

やはり問題はピッチャーだった。どうにかして近い将来ローテーションの軸を任せられるようなピッチャーを育てていかなければならない。

これはピッチャーにかぎったことではないが、私は中途半端な選手を嫌う。たいして力もないのに勘違いしている選手、素直さや謙虚さが欠如している選手は、変えようとしても変えられない。同じ時間がかかるなら、いっそのこと将来性のある若手や新人をピックアップして鍛えたほうがいいというのが私の考えだ。「鉄は熱いうちに打て」である。

私は、二軍監督の岡田に訊《き》いてみた。

「誰か球の速いの、いないか？」

「井川《いがわ》（慶《けい》）ですかねえ」

「じゃあ、上げてくれ」

ところが、一軍にやってきた井川は、たしかにボールは速かったが、コントロールが悪すぎた。私は言ってやった。

「いまの野球じゃ、一五〇キロのストレートだって真ん中に放ったら打たれるぞ。空振りすらとれない。おまえはスピードはあるんだから、必要なのはコントロールだよ」

井川はダーツ、つまり的当てが好きで、うまいらしい。そこでダーツをイメージさせて、こうアドバイスしてみた。

「おまえ、ダーツがうまいらしいじゃないか。でもな、ダーツは当てるだけでいいけど、ピッチングはスピードがいる。足を上げるのもステップを踏み出すのもみんな、そのための予備運動なんだよ。だから、トップの状態になったらダーツをイメージして、矢野のミットを的だと思って投げてみろ。バッターが誰とか、ボールカウントがどうとかはいっさい頭から消せ。矢野の要求どおり、ミットだけを狙って的当てをやれ。的当て投法に徹してみろ！」

たしか横浜戦だったと思うが、そう言って送り出したところ、なんと井川は完封してしまった。

それからしばらくは、「的当て」が井川と私の合い言葉になった。重要な場面になると井川は、ついバッターやカウントのことを意識してしまう。「ストライクを取らないといけない」と考えてしまう。結果、制球を乱して崩れることがあった。そこで私は言うのである。

「こら！　的当てやってないだろう。色気ばかり出しやがって。的当てだよ！」

福原に「キャッチャーを消せ」と言ったように、井川には「バッターを消せ」と命じたわけだ。

みずから赤星と藤本を発掘

「もはや補強を編成には任せておれん」と思った私は、直接スカウトにも乗り出すことにした。そうして入団させたのが、のちに〝F1セブン〟を形成する赤星憲広《あかほしのりひろ》と藤本敦士《ふじもとあつし》、沖原佳典《おきはらよしのり》といった選手たちだった。

赤星は、シドニー五輪野球代表の強化指定選手のひとりだった。その年、強化選手たちがプロチームのキャンプに振り分けられて参加することになり、阪神のキャンプにやってきたのが赤星だった。

「足の速い奴だな」

それが私の印象だった。当時、高波文一《たかなみふみかず》という俊足の選手がいて、試しに競争させてみると赤星のほうがはるかに速かった。それが私の記憶に強く残っていた。

ところが、ドラフトの指名候補リストを見せてもらうと、赤星の名前はなかった。そこで私が「赤星はダメかな……」と訊いてみると、「足だけですよ」。「バッティングはダメ、守備はいいけど、肩は強くない」というのが編成の赤星に対する評価だった。

監督になったとき、私にはスカウトを集めて言うことがある。

「足が速い、ボールを遠くに飛ばす、速い球を投げる。こういう天性を持った選手を獲ってくれ」

その理由は、天性だけは育てようがないからだ。阪神のスカウトにもそう言ったはずなのだが、彼らは何も聞いていなかったらしい。足が速いというのは、紛《まぎ》れもなく天性である。しかも、それだけで相手バッテリーには脅威となる。現役時代、私は阪急の福本豊に嫌というほど苦しめられたから、身にしみて知っている。なのに、当時の阪神で俊足といえるのは高波だけだった。そこで、「たとえば九回同点でランナーが出たら、代走というかたちで使うから」と言って、獲得してもらったのである。

一方、藤本は一一月に大阪ドームで開催されていた社会人野球を見に行ったときに目に留《と》まった選手だった。野球では、エースと四番はもちろんだが、キャッチャー、セカンド、ショート、センターの、いわゆるセンターラインが重要だ。なかでも私はショートがほしかった。

一年目はセカンド・和田、ショート・今岡でスタートしたのだが、三塁を守っていたブロワーズの退団で今岡を二塁へまわさざるをえなくなったり、打線と守備のバランスも取らなくては戦えないし、といったさまざまな事情で固定することができなかった。

藤本は身体は小さいが、運動神経とセンスを感じさせた。これもいわば天性である。そこでやはりリストにはなかったが、私が言って加えてもらった。

沖原の場合は、日本代表に選ばれているということで、見ないで決めた。といっても、日本代表で沖原と一緒にプレーしていた田中幸雄《ゆきお》や中村紀洋には一応確かめてみた。

「これといった特徴はないが、無難なショートです」

それが彼らの一致した意見だった。もともとショートには打力よりひたむきにプレーすることを求めていたし、藤本と競争してくれればいいと思って獲得することにしたのである。ふたりが加入することで、今岡に危機感が芽生えてくれれば、という期待もあった。

監督辞任

だが、結局二年目も、序盤こそそれなりに健闘はしたものの、やはり失速して最下位に終わった（五七勝七八敗一分）。前任者の時代も合わせるとこれで三年連続最下位となり、これは球団史上初めての不名誉な記録だったという。

響いたのはその年もやはり、投打の中心の不在である。この年は川尻が一〇勝したものの、藪は六勝止まり。福原も星野も期待したほどの成績は残せなかった。新外国人のアンソニー・タラスコがやはり大はずれで、四番には新庄を据えることが多くなり、それなりの飛躍を見せてくれたが、彼はやはり、〝四番目のバッター〟でしかない。チームを引っ張っていく中心選手にはなれない。しかも、その年のオフにはアメリカに旅立っていった。

三年目。私は全ポジションを白紙にすると宣言。赤星、藤本ら俊足選手を〝F1セブン〟と名づけて売り出したりしたものの、一度も浮上することなく五七勝八〇敗三分の最下位に終わった。そして、この年を最後に私はタテ縞のユニフォームを脱ぐことになった。

若い力が台頭の兆しを見せ、桧山の成長に見られるように選手の一部には私の考えが浸透しはじめていたうえ、編成部の体制にメスが入れられるなど光明が見えて来ないでもなかった。しかし、「もう一年やりたい」という気持ちはまったくなかった。

孤独感――阪神での私の三年間をひと言で総括すれば、そうなる。私は孤立無援であった。これほどの孤独感を感じさせられたことはそれまでになかった。選手は、私の言うことに対して聞く耳を持たない。OBには反発される。

メディアからは「野村が悪い」と一方的に批判され、冗談を口にすればそこだけを取り上げられて選手にもファンにも誤解を与えてしまう。じっくりチームをつくるのを待ってくれないファンからは容赦ない罵声《ばせい》が飛ぶ。そして、全面的なバックアップを約束してくれたはずの球団フロントはなかなか重い腰をあげようとしない……。

「人間には合うチームと合わないチームがあるのだな……」

つくづく私はそう思った。私の力ではこれ以上やっても結果は同じだと感じていた。

私は「理をもって戦う」ことを指導の原則に置いている。原理原則を見据えて実践指導していくのが私の一貫した指導方針である。プロならば体力・気力はあって当然。知力が勝敗を分けるのである。

だからこそ、阪神の監督になったとき私は〝T・O・P野球〟を掲げた。「T」とは「Total」、すなわち体力・気力・知力の総合力。「O」は「Object」で実践教育、そして「P」は「Process」、過程重視という意味である。過程を積み重ね、そこで得た経験をもとに実践で対応するための指導を行い、総合力をもって戦うという方針をこの言葉に込めた。同時に、そうすることで近い将来には「TOP」すなわち「トップ」に立つという願いも含まれていた。

変えることの難しさ

しかし、阪神の選手たちにはこれが伝わらなかった。どうしても体力・気力を重視した戦い方になってしまう。

いまから考えれば、阪神はチーム全体が「賞賛」すべき段階だったのかもしれない。とりわけ厳しく接した今岡にしても和田にしても大豊にしても、とても「非難」する段階にはいたっていなかったのだ。まずは「賞賛」すべきだったのである。

しかし、余計なことと承知で言っておくが、「賞賛」だけでは絶対に勝ち続けることはできない。選手に厳しいことを言わず、ほめて、おだてて自由奔放にプレーさせた結果、優勝するケースはあるが、そうしたチームが連覇することはまずないという現実が、そのことを何よりも物語っている。

ほめて、おだてるだけでは選手は自分の力を過信する。試合に使われているときはいいが、控えに追いやられたりすると、「どうしておれを使わないのだ」と不平不満を口にするようになる。ほめられ、おだてられてきた選手は、自分が悪いのだとは考えず、責任を周囲に転嫁する。往々にしてそれは監督やコーチに向かう。とりわけ中心と呼ばれる選手が不平不満を口にすれば、それはほかの選手にも伝わっていき、監督の言うことに従わなくなる。そうなれば遅かれ早かれチームは破綻《はたん》するに違いない。それは、なにより阪神のこれまでの歴史が証明しているではないか。

話を戻す。

ヤクルト時代、私は古田だけでなく池山に対しても非常に厳しく接していた。

「何がブンブン丸じゃ、そう言われておまえは気分がいいかもしれん。が、おまえだけいい気になって振り回し、三振ばかりして、チームはどうなるんだ。そんなニックネームはありがたくないぞ。ちゃんとバットにボールを当てろ！」

面と向かってそう意見した。池山は悔しかったろう。だが、彼はその思いを胸にしまい、私の言葉を懸命にノートに書きつけた。そして、チームの中心に成長した。

同じことを阪神の選手に言ったらどうなるか。ふてくされるに違いない。あるいはタニマチに慰めてもらうか。かつてのように同志を募って、反監督運動をするかもしれない。

もうひとつあらためて感じたのは、ある程度できあがってしまった選手を変えるのは、想像以上に大変だということだ。

じつは、それでいま楽天でも苦労している。ご承知のように楽天には近鉄の残党が少なくない。私が南海にいた当時から、近鉄というチームはよく言えば豪快、悪く言えば気分で野球をやっているチームだった。ほとんどの選手が自分の記録のことを第一に考えているように見えた。そういうチームにいた選手だけに、楽天の近鉄出身者にもチーム優先主義、勝利第一主義が欠如している。なまじ〝いてまえ打線〟などと持ち上げられていたから、なおさらである。こうした選手の意識を変えるには、非常に困難で時間がかかるのだ。場合によっては、ほかの選手にも悪影響を与えかねない。

阪神の選手たちにも同様のことが言えた。阪神にはなまじできあがっている選手が多かった。それでも新たな気持ちで真摯《しんし》に野球に取り組もうという気持ちがあればいい。しかし、それなりに成績を残し、そこそこの給料をもらっているうえ、周囲がおだててくれるから居心地もいい。選手自身がこのままでもかまわないと思っている。変わる必要を感じていないのである。

選手だけでなく自分にも負けていた

ただ、以上のようなことはある程度は予想できていたことだ。失敗の最大の原因は、やはり私にあった。

ひと言で言えば、「選手に負けていた」のである。私は選手との闘《たたか》いに負けていた。

「考え方が変われば行動が変わる」——そう私は信じている。意識が変われば野球観が変わり、プレーが変わる。だからこそ、考え方が大切なのだが、大方の野球選手は、いわば本能だけで野球をやってきている。そんな選手たちに「もっと考えてやれ」と言っても、何をどう考えればいいのかわからない。だから日常のミーティングが大切になってくるわけだ。ミーティングを通して、なぜ考えることが大切なのか、考えるとはどのようなことなのかを伝え、私の野球観、人生観を浸透させるとともに、選手自身に考えさせるのである。

ただ、毎日同じことを聞かされていれば、たとえ最初は興味を持って聞いていた選手であっても、いい加減飽きてくる。結果が出なければなおさらだ。私に対する不信感が芽生えてくる。

しかし、ここで負けてはダメなのだ。同じことを訴え続けなければならない。そうすれば少しずつでも結果が現れてくる。そうなれば、選手は「この監督についていこう」という気持ちになる。「信は万物の素《もと》をなす」というが、信頼関係とはこうして築かれていくものなのである。したがって、指導者はまず選手との闘いに負けてはいけない。ヤクルト時代はそうやって選手の信頼を勝ち得ていった。

しかし、阪神ではそれができなかった。ヤクルトの選手に較べると、阪神の選手ははるかに子どもで、こちらを向かせるのに苦労したということはあった。メディアやファンが待ってくれないという理由もあった。

しかし、いちばんの原因は、私が自分との闘いにも負けていたからだと思う。「もうダメだ、限界だ」と考えてしまう自分に打ち克《か》つことができなかった。

なぜか。

いま思えば、私がヤクルト時代に監督として日本一を経験したことで安堵感を抱いてしまっていたからかもしれない。

ヤクルトの監督になる前、私は南海のプレーイング・マネージャーを務め、リーグ優勝した経験があったが、日本一にはなれなかった。若かったし、野球のなんたるかを完全には理解できていなかった。

だが、その後もロッテや西武で選手生活を続けたことや、さらに引退後は解説者として九年間グラウンドの外から野球をみつめながら思考を巡らした結果、自分なりの野球に対する信念が生まれた。「こうすれば絶対に勝てる」という確信が生まれた。

だからヤクルトの監督に就任したときには、「自分の考える野球を実践し、どうしても監督として日本一になってやる」という強い意気込みがあった。巨人に対する対抗心もあった。日本一になるまでは、自分でも「なんでこんなにカッカしているのだろう」と思うことがよくあった。なんだかんだいっても私もまだ若かった。

だが、ヤクルトで三度日本一を経験し、巨人へのコンプレックスも払拭《ふっしょく》されたことで、私自身のなかに飢餓感というものがなくなっていた。ホッとしていた。それが自分に鞭打《むちう》つことができなかった理由だったのではないかといまになって思う。だから、二年目にはもう「やめさせてください」とオーナーにお願いすることになったのだ。「これ以上続けても、チームに迷惑をかけるだけだから」と……。

ただ、誤解されると困るので野暮《やぼ》を承知で言っておくが、楽天の監督となったいま、私は再びやる気を取り戻している。阪神時代の汚名をそそがなくてはならないからだ。「人間の評価は他人が決める」と前に述べたが、私に対する評価は地に落ちたといってもいい。

それを取り戻さなければ私の野球人生は終われない。新たな飢餓感が生まれたのである。

第三章　阪神に伝統はない

感じない伝統

一九三五年、大阪タイガースとして誕生した阪神タイガースは、前年創立の巨人軍に次ぐ歴史を持っている。にもかかわらず私は阪神に対して、巨人に対しては畏怖《いふ》すらした伝統の重みを、一度も感じたことがなかった。

南海時代には日本シリーズで対戦したこともあるが、ほとんど思い出に残っていない。なにしろ、「御堂筋《みどうすじ》シリーズ」とも呼ばれたその日本シリーズが行われたのは一九六四年。東京オリンピックの年である。世の中はオリンピック一色で、関西以外ではまったく話題にならなかったという印象がある。おそらく観客動員数も（日本）シリーズ史上最低だったのではないか。オリンピックと重ならないよう日程が繰り上がり、阪神が一二九試合目でリーグ優勝を決めた翌日には早くもスタートしたと記憶している。

スコアを見ると接戦で、南海が二勝三敗から逆転で日本一となったのだが、巨人を倒して初の日本一となった一九五九年に較べれば、それほどの感激はなかった。〝親戚《しんせき》の喧嘩《けんか》〟みたいな感じがしていた。王手をかけられてからの二試合が雨で順延されたことも忘れていたほどだ。

このときの阪神はたしかに強かった。村山と両輪を担っていた小山さんは、山内一弘《やまうちかずひろ》さんとの〝世紀のトレード〟で前年オフに東京オリオンズに移籍していたが、バッキーがその穴を十二分に埋めていた。それを盛り立てる鎌田実、吉田義男、三宅秀史の内野陣も日本一だった。

しかし、打線は貧弱だったし、こちらにはエース・杉浦忠に加え、その年二六勝をあげてリーグＭＶＰに輝いたジョー・スタンカがいた。事実、この年から南海はリーグ三連覇を果たすことになるわけで、シリーズが開幕する前から見下していた。時間がないこともあって、特別な対策もしなかった。「勝って当然」だったのだ。

この翌年から巨人の九連覇がスタートしているだけに、いまから振り返れば、阪神にとってはこのシリーズはひとつの節目になったのかもしれないが、それはさておき、ヤクルトの監督時代も阪神には負けるわけがないと思っていた。当時の阪神はまさしく低空飛行にあえいでいた時期だった。だから、やはり弱かった横浜とともに阪神をターゲットにしていた。つまり、巨人をはじめとするほかの三チームとは五分五分でいい、その代わり、阪神と横浜から勝ち星を稼がせてもらって勝率を上げようと考えていたわけである。

実際、当時の記録を見るとカモにしていたことがわかる。その意味では、阪神には感謝すべきかもしれないが、要するに阪神は、私に言わせれば、ただ「古いだけ」のチームなのである。その理由はいったい、どこにあるのだろうか。

他者に伝統を感じさせる要素として、私は以下の三点があげられると考えている。第一に優勝回数。第二は名選手の輩出。そして三つ目が、未来創造力とそれが育《はぐく》む無形の力である。

最初の優勝回数という点では、阪神は語るまでもない。七〇有余年の歴史において優勝は一リーグ時代に四度。二リーグ制になって以降は藤本監督のもとで一九六二年と六四年にリーグ優勝を果たしたものの、三度目は二一年後。四度目もまた一八年後の二〇〇三年だった。二〇〇五年にもリーグ優勝を飾ったものの、日本シリーズを制したのは八五年の一度だけである。

二〇〇七年までに九連覇を含む四〇回のリーグ優勝および二〇回の日本一をなし遂げている巨人は別にしても、阪神と一九三六年創立の中日がリーグ優勝七回、日本シリーズ優勝二回、四九年創立の広島がリーグ優勝六回、日本シリーズ制覇が三回、五〇年創立のヤクルトもリーグ優勝六回、うち日本一に五回輝いている。残る横浜にしてもリーグ優勝は二回だが、いずれも日本一を達成している。阪神の歴史と人気を考えればやはり、お粗末な成績だと言わざるをえない。

私が選ぶ歴代ベストナイン

では、二番目の名選手の輩出という点ではどうか。

参考として、私なりの〝阪神タイガース・オールタイム・ベストナイン〟を選んでみた。それが以下である。

投手

村山実、小山正明、江夏豊（西村一孔《かずのり》）

捕手

田淵幸一（土井垣武）

一塁手
藤村富美男

二塁手
岡田彰布（鎌田実）

三塁手
掛布雅之（三宅秀史）

遊撃手
吉田義男

外野手
別当薫、山内一弘、金本知憲（田宮謙次郎）

指名打者
ランディ・バース（トーマス・オマリー）

選定にあたっては基本的に名より実、つまり記録を優先し、私の思い出に残っている選手のなかでどうしても入れたい選手を加えた。投手はひとりに絞るのは不可能だったので、リリーフも含めてということでご了解いただくとし、各ポジションで落とすにしのびない選手は（　）内に入れさせていただいた。また、私が直接プレーを見ていない戦前の選手は除外し、一方で近年の選手には点がからくなったのはご容赦いただきたい。

なお、藤村さんは本来三塁手であるが、今回は一塁に回ってもらい、一塁手として選出されるべきバースは指名打者ということにした。外野手のポジションは考慮していない。

ちなみにこれを率いる監督は藤本定義さんである。

私の選ぶ巨人軍歴代ベストナイン

試みに、比較対象として巨人のベストナインを選んでみたのが以下の顔ぶれである。

選定基準は阪神の場合と同様。なお、投手の金田正一さん、外野手の張本勲《はりもといさお》は当然選出されてしかるべきだが、巨人在籍期間が短いため、ここでははずさせていただいた。落合博満《ひろみつ》も同様である。また、一塁手として川上哲治さんをはずすわけにはいかないが、今回は監督兼指名打者ということで勘弁いただくことにした。

投手
別所毅彦《べっしょたけひこ》、藤田元司《ふじたもとし》、堀内恒夫《ほりうちつねお》、江川卓《すぐる》、斎藤雅樹《まさき》

捕手
森昌彦

一塁手
王貞治

二塁手
篠塚和典《しのづかかずのり》（千葉茂《しげる》、土井正三《どいしょうぞう》）

三塁手
長嶋茂雄
遊撃手
広岡達朗（白石勝巳《しらいしかつみ》）
外野手
青田昇《のぼる》、与那嶺要《よなみねかなめ》、松井秀喜（柴田勲《いさお》、高田繁《たかだしげる》）
監督兼指名打者
川上哲治

いかがだろうか。選出してみて、巨人の層の厚さにあらためて驚かされた。とにかく候補が目白押しで、「この選手も入れたい、あの選手をはずすわけにはいかない」と、何べんも考え直さざるをえなかった。もう一度選んだら別の名前が並ぶかもしれない。

対して、阪神はどうだったか。こちらも苦労した部分はある。外野手部門だ。といっても、候補が多すぎたというわけではない。逆である。いないのだ。いずれも帯に短したすきに長しというのか、それなりに個性的な選手はいないこともないのだが、記録を考えると物足りない。文句なしに「この人!」という選手がいないのだ。

今回選んだ別当さんと山内さんにしても、別当さんのプレーを私はそれほど見たわけではないし、山内さんが阪神に移籍してきたのは選手生活の晩年に近い。ほかに候補となるのは、マイク・ラインバック、ウィリー・カークランドくらいしかいない。

ほかのポジションはすんなり決まった。が、それは言い換えれば候補が少ないからであり、決してほめられたことではない。若いファンは別として、それなりの年齢を重ねたファンなら、誰が選んでもそう大差ないのではないかと思える。巨人と較べれば、やはり寂しいといわざるをえないだろう。

思い出の名選手たち

このなかでとりわけ私の印象に残っているのは、西村一孔さんだ。阪神のファンでもいまではご存じの方は少ないかもしれないが、すごいピッチャーだった。資料によれば、ルーキーイヤーから開幕投手を務め、その年六〇試合に登板、二二勝をあげて新人王に輝いている。

とにかく、めっぽう速かった。地方のオープン戦に一緒に行くと、毎試合登板していた。田舎のお客さんが喜ぶからである。非常に女性にモテて、タニマチに連れられて毎晩飲み歩いているという噂を聞いていたが、結局肩を壊して、二年もたなかったという記憶がある。タニマチにつぶされた代表的な選手といっていいだろう。

事実、通算三一勝しかしていないが、防御率は一点台。短命に終わったが、ちょうど私が一軍に上がったばかりだったということもあり、イッコーさんのピッチングは鮮明に憶えている。

投手ではほかに、渡辺省三《しょうぞう》さんにも度肝を抜かれた。といっても一孔さんのようにスピードではなく、コントロールにである。コントロールのよさといえば小山さんが有名だが、渡辺さんも〝精密機械〟と呼ばれるほど、抜群の制球力を持っていた。

昔はバッティングピッチャーなんていなかったから、一軍のピッチャーが練習代わりに務めていたのだが、あるとき渡辺さんが投げているのを見る機会があった。すべてストライクなのだ。目をつむって投げてもストライクになるのではないかと思えるほどで、バッターが一球も見逃さない。バッターのほうが疲れてしまって「ちょっと待ってくれ」なんて言っていたくらいだった。二軍の私が相手にしていたピッチャーなど、ストライクが入らず、一〇球のうち二球打てればいいほう。一軍と二軍の違いをまざまざと見せつけられた気がしたものだ。

鎌田と吉田さんの二遊間もすばらしかった。ふたりにサードの三宅さんを加えた内野陣は、まさしく鉄壁。これに較べれば、南海の内野守備はじつにお粗末だった。オープン戦で阪神と対戦するときなど、「もうノックなんかやめようよ、恥ずかしいから」と私はよく言ったものだ。

そう、当時の阪神の内野陣は、ノックで金を取れた。ノックだけで観客が沸くのである。藤村さんがノッカーを務め、あらかじめ打つところを決めておき、あ・うんの呼吸で打つから動きも派手なのだ。まさに「イッツ・ショウタイム!」というやつである。

そもそも試合前のノックとは、何のためだとお思いか。練習? とんでもない。一球や二球試合前にボールを受けたからといって、練習になどなるわけがない。私に言わせれば、あれはお客さんに対する〝ショウ〟なのだ。「これがプロのプレーですよ」と示すための、ファンサービスだと私は思っている。少なくとも私はそう認識していた。年配のファンから「昔は試合前の練習を見ているだけでワクワクした」という話を聞くことがある。ところが、いまの選手にはそんな意識がまったくない。たんなるルーティーンとなってしまっている。その意味でも、鎌田・吉田・三宅の内野はほんとうにうまかったとあらためて思うのである。

印象的ということでは、〝山本のてっちゃん〟こと山本哲也さんも忘れがたい。一九六二年、六四年の優勝時のキャッチャーである。とりわけ村山の信頼が篤《あつ》かったと聞く。

山本さんは現在でいう意味での名捕手とは言えないが、とにかく元気だった。私とはほぼ同世代で、よく二軍戦で一緒になった。山本さんはフェンス際やバックネットにファールが飛んでいくと、フェンスやネットをスルスルとよじ登っていく。それを見たわれわれは、「まるでサルやな、あれ」とよく言っていたものだ。それくらい潑剌《はつらつ》と元気よくプレーしていたから、南海のキャッチャーは「山本を見習え！」とたびたび叱責《しっせき》された。私はほとんど声が出せない、よく言えばおとなしい、元気のないキャッチャーだったから、余計に叱《しか》られたことを懐かしく思い出す。

名選手必ずしもチームの中心たりえず

さて、阪神のベストナインに挙げた選手たちは、たしかに名選手であった。それぞれがファンの胸を熱く焦がしたことだろう。しかし、彼らがチームの「中心」たりえたかは、また別問題である。

「中心なき組織は機能しない」というのが私の持論だとは前にも述べたが、阪神にはこの「中心」がずっと不在だったように私には思えるのだ。

繰り返すが、私のいう「中心」とは、「ただ抑えればいい、ただ打てばいい」というものではない。グラウンドではもちろん、日常生活にいたるまで、すべての部分でチームの鑑《かがみ》となるべき存在でなければならないのだ。そういう選手がいれば、チームはおのずといい方向に進むし、逆に中心選手がいいかげんであるとチーム全体にマイナスになり、機能性を失う。

もちろん、私は戦前のタイガースを知らないから、伝説となっている景浦さんや若林忠《ただ》志《し》さん、松木謙治郎さん、御園生崇男《みそのおたかお》さん、藤井勇《いさむ》さんといった諸先輩方が私の言う中心であったのかはわからない。また、プロに入って間もないころは自分のことで精一杯だったし、チームとはどのようにつくられるものなのか理解できていなかったから、その当時の阪神の選手についても語る資格を持たない。

ただ、当時の野球はまだ未成熟で、卓越した個人の力が結集すれば、充分戦えたのではないかと思う。言い換えれば、まだ組織力というものがそれほど求められなかった。だから当時の中心選手は、極端に言えば「ただ抑えればいい、打てばいい」でもかまわなかっただろう。

しかし、タイガースがライバルだと自認している巨人がアメリカから最新の情報やシステムを取り入れ、野球の近代化を進めていった結果、野球のチームスポーツとしての部分がクローズアップされることになった。そして、川上監督がＯＮ《オーエヌ》を中心にして適材適所のチームをつくりあげ、Ｖ９という前人未到、おそらく今後も達成されることはないであろう記録を築くことになった。この事実は、チームの中心がいかに大切かということをも示していると私は考えている。

ＯＮは、まさしくチームの中心であった。王はもちろんだが、長嶋だって野球に取り組む姿勢には鬼気迫るものがあった。打撃練習でも守備練習でも、並の選手がおよびもつかないくらいの真剣さをもって行っていたと、当時の巨人のある選手は語っていた。しかも、ふたりは少々のケガくらいでは休まなかった。「だから、自分たちも彼ら以上にやらなければと思った」ともその選手は話していた。

対して阪神は、いつの時代でも個人の力だけに頼ってきた観がある。巨人にONという〝鑑〟が存在したのに対し、阪神にはずっと真の中心といえる選手がいなかったように私には見えた。

事実、リーダーシップをとる選手がいなかったゆえ、チームの一丸性、結束力が感じられないチームに思えた。前述した如く村山は選手時代から自分で登板日を決めていたというし、江夏などはわがままの〝しほうだい〟という感じが伝わってきた。田淵にしても、捕手でありながら投手への思いやりや気配りすら感じなかった。

中心選手がこれでは、野球が団体競技であり、チームプレーが大切であるという意識が薄れるのは当然だ。加えて江夏や田淵がいた時代の阪神は、〝阪神部屋〟と揶揄《やゆ》されるほど肥満したベテラン選手が多かった。

また、その後〝四代目ミスター・タイガース〟と呼ばれた掛布にしても、優勝の一年半後にあろうことか深夜に酒気帯び運転で逮捕されたことがあった。あまつさえ、警官に対して「おれは阪神の掛布だ」とすごんだという。これにあきれた久万オーナーが「掛布は欠陥商品」と発言したほどだ。

当時の監督だった吉田さんは掛布について、優勝してからはプライドだけが高くなり、真摯《しんし》に野球に取り組む姿勢が見られなくなったと、著書のなかで書いておられる。吉田さんによれば、バースも掛布のリーダーシップのなさに不満をもらしていたらしい。ほかのチームメイトも掛布のことをチームの中心だとは思えなかったようだ。そんなだから、いまだ監督候補に掛布の名前があがってこないのではないだろうか。

掛布のあと、阪神には名目だけでも「中心」と呼ばれる選手すら現れなかった。推して知るべしといえるだろう。

個人記録至上主義

こうした、〝サムライ〟と呼べなくもない選手が集まっていたことが阪神というチームの個性になっていたと言われれば、その通りである。そうした個性がファンの胸を打ったからこそ、阪神は人気チームであり続けたのだということも……。

しかし、だからこそ阪神は、力がありながら優勝できなかったというのも事実なのである。

「自分がヒットを打つことがチームのためになる」

「自分が勝ち星を挙《あ》げることがチームに貢献することになる」

よくそんな発言をする選手がいる。「もっともだ」と思われるかもしれない。

しかし、私に言わせれば、「そんな考えだから勝てないんだ！」ということになる。そんなふうに考えている選手は、野球の本質をまったく理解していないと言っても過言ではない。そして、つねにそういう意識で野球をやってきたのが阪神の選手たちだったと私には思えるのだ。「自分が働けば、おのずとチームの成績も上がるはずだ」という考えで……。

野球を職業としている以上、「一本でも多くヒットを打ちたい」「ひとつでも多く勝ち星をあげ、給料を上げたい」と思うのは当然である。ヒットを打つことが、勝利投手になることがチームに貢献することになると考えること自体は間違いではない。

「個人記録を伸ばすことでチームに貢献する」という考え方が、間違っているのである。

「ヒットを打つことが、勝利投手になることがチームのためになる」というのと、「チームのためにヒットを打つ、勝利投手になる」というのは、明確に違う。

野球は団体競技である。チームで戦うわけだ。だから、選手ひとりひとりが結集し、チームとしてひとつにならなければいけない。そうならなければ力が分散してしまう。言葉を換えれば、選手は自分の記録を気にする前に、チームのことを最優先に考えなくてはならないのだ。「チームが勝つため」にヒットを打たなければいけないし、勝利投手にならなければいけない。「チームのために何をすべきなのか、何ができるのか」、言い換えれば「勝つためには自分はどのように役立てばよいのか」を第一に考えて試合に臨むべきなのだ。

事実、そのほうが結果もいいし、仲間から人望も得られる。そのうえ人間形成にもつながっていくと思うのである。

私は現役時代、六五七本のホームランをうち、ホームラン王も九回獲得している。たとえば、二点差をつけられて迎えた九回、ツーアウト一、二塁で私に打席が回ってきたとしよう。スリーランホームランを打てば逆転である。

「よし、おれが決めてやる！」

つい、そう思ってしまう。だが、そんなときは、たいがいろくな結果にはならない。「何が何でもスタンドに放り込んでやる」と硬くなって強引になり、ついボール球に手を出してしまったりした。それよりも「とにかく次のバッターにつなごう、みんなで勝とう」と考えられたときのほうが、かえってホームランが打てた。そういう謙虚さが野球には必要なのだ。「自分のためにチームがあるのか」、それとも「チームのために自分が存在するのか」ということを、中心選手は明確に認識しておかなければならないのである。

翻って阪神の選手はどうか。村山にせよ、江夏にせよ、田淵にせよ、掛布にせよ、個人記録至上主義の権化のような選手ばかりではなかったか。村山は一五〇〇個目の奪三振と二〇〇〇個目の奪三振を「長嶋からとる」と宣言し、それを実行した。同様に江夏は、一九六八年にシーズン奪三振タイ記録の三五三個目と新記録となる三五四個目をともに王から奪っている。王からの三振で新記録を達成するために、王に打順が回ってくるまでわざと三振をとらなかったのは有名な話だ。

こうした行為は、いわば〝チームの私物化〟である。チームの中心である村山と江夏がそういう考えなのだから、ほかの選手も同様に考えていたに違いない。そうした意識がたまたまうまい具合にかみあい、相乗効果となって爆発力を生んで、結果的に優勝することはある。しかし、それは偶然だといっていい。翌年も続くことはまずない。そんなことを繰り返してきたのが、阪神というチームのこれまでの歴史だったのではないかと私は思うのだ。

その意味でも阪神は、V9時代の巨人とは対照的といえる。そのころの巨人はONを中心に、柴田勲、土井正三、高田繁、黒江《くろえ》透修《ゆきのぶ》、森昌彦……いずれもチームにおける自分の役割を認識し、チームのためにそれをまっとうする選手が集まっていた。というより、そうすべきだと教育されていた。

「自分の記録よりチームの勝利」

「勝つためにヒットを打ち、勝つために結束する」

そんな意識が選手に徹底されていたからこそ、巨人は勝ち続けることができたのだと私は思う。重要なのは、環境、伝統、教育、指導のあり方なのである。それが巨人と阪神の差だったのだ。

日本シリーズの落合采配《さいはい》

ただし、誤解なきよう断っておくと、私は個人記録を狙うことを完全に否定しない。なぜなら、記録やタイトルは選手が成長するために必要なものだからである。

余談になるが、中日と北海道日本ハムが激突した二〇〇七年の日本シリーズ第五戦。一対〇で迎えた九回に、それまでパーフェクトピッチングを続けていた山井大介《だいすけ》投手を中日・落合監督が降板させた。結果的にはリリーフした岩瀬《いわせ》仁紀《ひとき》が日本ハム打線を三人で抑え、ふたりで完全試合を達成し、中日は五三年ぶりの日本一を手中にした。

この交代には賛否両論が巻き起こった。では、私が監督だったらどうしたか。代えない――それが答えである。

あとで落合は、山井にマメができていたとかいう理由をあげていたけれども、私なら間違いなく「行け！」と送り出していた。かりに山井が「マメができたから代えてくれ」と言ってきても、「マメなんかつぶれたっていいやないか。あと一回だ。こんなチャンスは二度とあるかどうかわからん。今年最後の試合じゃないか」と叱咤《しった》して……。

日本シリーズでのパーフェクトなんて、そうそうチャンスはあるものではない。〝生涯チャンスは一度〟と考えるのがふつうである。現に過去にはなかったし、おそらくこれからもないだろう。末代まで名前が残るのに違いない。山井にとってどれだけ名誉なことであり、これからの野球人生にも励みになることか。おおげさにいえば、今後の山井の人生が変わったかもしれない。

その可能性を落合は踏みにじった。これが三勝三敗で迎えた第七戦なら理解できないこともない。しかし、この場合は王手をかけての第五戦。たしかに一点差ではあったが、打順は七番から。ホームランを打たれて同点になるとは考えにくい。

山井自身、代えられてどう思ったか。「個人記録はどうでもいい。最後は大黒柱の岩瀬さんに投げてほしいと思い、みずから降板を申し出た」と山井は殊勝にも語っていたようだが、果たして本音だったのかと私は疑ってしまう。それこそ岩瀬は絶対的なストッパーなのだから、代えるならランナーを出してからでも遅くはなかったはずだ。それならば山井も納得できるだろう。

「ベンチにいた選手たちも、山井が降板したときには「？」と思ったはずだ。とすれば、ベンチは異様なムードに包まれたはずだ。

そもそも落合自身、ロッテオリオンズというチームにいたこともあって、現役時代は個人記録を第一に考えていたふしがあったのは否定できないだろう。落合は自分の力だけで、三回の三冠王を獲得したと考えているかもしれない。私も落合が史上最高の右バッターだと認めるにやぶさかではないが、私自身の体験から言って、三冠王は実力だけでは絶対にとれないと断言できる。運とチャンスが必要なのだ。山井にとっても、それは同様だったと言える。

それに、落合はファンのことをどう考えているのだろう。ファンにとっても歴史的な瞬間に立ち会うチャンスだったのである。プロである以上、チーム優先の前にファンを第一に考えるべきだと私は思う。ファンが何を望んでいるか——私には、つねにそれを考えながら野球をやってきたという自負がある。あの状況では、全員といっていいくらいのファンが「完全試合をやらせてやれ」と思っていたはずだ。だとしたら、それをかなえるのがプロというものだと私は思うのだ。

私は「ここは代えたほうがいい」と心では思っても、情をかけて続投させ、何度も失敗した経験がある。若いピッチャーやスランプに陥っているピッチャーにとって勝ち星に勝る良薬はないと信じているからだ。記録も良薬のひとつと言える。

まあ、おそらく落合には〝オレ流〟というのか、「オレはほかの監督とは違うよ」というところを見せたい気持ちがつねにあるのだろう。そういえば、監督就任時の記者会見でもこんなことを語っていたのを思い出す。「オレは一八〇度違う野球をやる」と……。

話が大幅にそれてしまったが、ただ、いま述べたようなこととは、つねに個人記録を第一に考えるというのとは違うのだ。チームの中心と呼ばれる選手が「自分が打つことがチームのためになる」「自分が勝ち星をあげることがチームの成績につながる」と考えているようでは、ほんとうに強いチームにはなれないと言っていい。

巨人にだけ勝てばいい

阪神の歴代名選手たちについてもうひとつ言わせてもらえば、あまりに巨人という存在を意識しすぎていたのではないかという気がする。

村山にしても江夏にしても、野球に対する姿勢にはすばらしいものがあった。ONにも負けていなかったと思う。江夏は私と野球の話をすると止まらなかった。

ただ、その思いが「打倒巨人」の一点にしか向かわなかったのではないかと私には感じられるのである。これは第一章でも指摘した問題だが、極端にいえば、「巨人にさえ勝てばそれでよし」と選手たちは考えていたのではないかと思えるのだ。事実、村山が自分で登板日を決めていたのは、巨人戦に向けてコンディションを整えるためだったといわれる。

「巨人には負けられない」というのはいい。それが村山対長嶋、江夏対王に代表される数々の名勝負を生み、ファンを熱狂させたのは事実である。だからこそ、巨人・阪神戦は〝伝統の一戦〟と呼ばれることになった。

しかし、「巨人にだけ勝てばいい」というのでは、勝ち続けることはできない。これには第一章で指摘した、「トータルでよい成績が残せない」との理由のほかに、もうひとつ理由がある。それは、それ以上の高みを目指さなくなるということだ。いわば志の問題である。

そこが巨人の選手は阪神の選手と大きく違う。『巨人軍論』でも詳しく述べたが、巨人はつねにパイオニアであった。「自分たちが日本の野球を引っ張っているんだ」という自負をもって野球に取り組んでいたように私には見えた。私がいた南海も含めたほかのチームが精神野球をやっていた時代に、いち早く海外の最新情報を貪欲《どんよく》に取り入れ、消化した。いわば〝世界〟を目指して野球をやっていたのである。

もちろん、巨人の選手だって阪神戦にはいつも以上に闘志を燃やしただろうが、巨人の敵は阪神だけではなかった。金田正一さんや星野仙一、平松政次《ひらまつまさじ》、松岡弘《まつおかひろむ》、外木場《そとこば》義郎《よしろう》といった阪神以外のチームのエースたちが長嶋・王に果敢に戦いを挑んでいった。日本シリーズでも、西本幸雄監督率いる阪急や私がいた南海が、パ・リーグの意地と誇りをかけて打倒巨人を目指した。にもかかわらず、それらをことごとく跳ね返し、あれだけ勝ち続けることができたのは、「自分たちはパイオニアである」「日本のプロ野球のリーダーである」という気持ちがあったことが無視できないと私は思う。

これに対して阪神は、「巨人に勝つ」という目標しか設定できなかった。ほかのチームも同様ではあったが、なまじ巨人をライバル視しているだけに、巨人に勝てば満足してしまった。低い目標設定、もっと言えば志の低さが、巨人との大きな差となって現れていたのではないだろうかと感じるのである。

未来想像力が備わる巨人

以上のような観点から考えると、たしかに阪神は個性的な選手が多かったことは認めるにやぶさかではないが、名選手の輩出という点でもやはり、巨人には及ばないと言わざるをえないだろう。しかも、阪神には派閥抗争や内紛の余波で、不本意ながらチームを去っていった選手も少なくない。これも、巨人の名選手の多くが巨人というチームで選手生活をまっとうしたのとは対照的である。

それでは伝統の三番目の条件、すなわち「未来想像力」と「無形の力」についてはどうか。じつは私は、このふたつの力が阪神に欠如していたことこそが、伝統を感じさせない最大の理由であり、つねに安定した成績を残せなかった最大の原因ではないかと思っている。

それでは、未来想像力とはなにか。それは、将来のチームがあるべき姿を明確にイメージし、それを具現化する能力である。次代のチームはどうあるべきか、それを親会社も含めて球団全員で真剣に考え、それを実現するためにはいま何が必要で、どういうことをしなければならないかを的確に判断し、実践する力だと言える。

チームは生き物である。時間とともに選手の顔ぶれは変わっていく。とすれば、そのことを頭に入れ、つねに未来のあるべき姿をイメージしながらチームをつくっていかなければ、勝ち続けることは難しい。場当たり的なやり方では、タレントが揃ったときにはたしかに強いだろうが、彼らがいなくなってしまえばそれまでだ。また一からつくらなければならない。

「計画」「実行」「確認」は仕事の三要素というが、なかでも計画は大事である。計画がなくては実行も確認もできない。しっかりとした計画があれば、早くから準備しておけるし、それができればたとえ一時的に成績が落ち込んだとしても、立て直すのにそれほど時間はかからないはずだ。もちろん、必ずしも計画どおりにはいかないのが常ではあるのだが、ことを進めるにあたってはある程度の計画を立てておくのは組織の維持に必要不可欠であり、そうしなければ組織は遅かれ早かれ崩壊するというのが私の考えだ。

ある時代までの巨人には、この未来想像力が備わっていた。ピッチャーは別として、野球の残る八つのポジション、八つの打順にはそれぞれ備えるべき特性と果たすべき役割がある。逆にいえば、強打者を八人集めたからといって機能するとはかぎらない。場合によってはマイナスに働くこともある。大切なのは、それぞれに適した選手を集め、育成し、有機的に結合させていくことである。そうすれば、一＋一＋一…が八ではなく、一〇にも二〇にもなる。

〝ドジャースの戦法〟と出会ったことで、こうした組織プレーの重要性にいち早く気づき、先陣を切ってその強化に着手したのが巨人であり、それがもっとも理想的なかたちで実現したのが、いうまでもなくＶ９時代のチームであった。そして、それは巨人に未来想像力があったからこそ可能になったと私は考えている。

チームの将来像が描けず

そんな未来想像力が阪神には欠如していたことを如実に現していたのが、編成セクションだったと言っていい。

久万オーナーに談判した話は前に書いた。そのとき私は、オーナーにこう訊《たず》ねた。

「球団の心臓部とは何だと思っていますか」

「……」

オーナーは答えなかった。そこで私は言った。

「私は編成部だと思っています。編成部こそが球団の心臓なんですよ」

弱いチームはこの編成が現場と乖離《かいり》し、機能していないということもすでに述べた。当然だ。よい選手を獲ってこないから、弱いのである。

選手の育成は、たしかに監督やコーチの仕事ではあるのだが、いくら現場が有能であっても、肝心の選手が箸《はし》にも棒にもかからないというのでは限界がある。いくら名シェフであっても、腐った素材ではおいしい料理はつくれないように、野球でもそれなりの素材を獲ってきてくれなければ、一流選手に育ててあげるのは非常に難しい。というより、不可能なのが現実である。だから、編成は育成しがいのある選手を獲得しなければならない。

が、その一方、育成型の選手ばかりではチームはなかなか強くならないのも事実である。チームの中心を担う即戦力型の選手がやはり不可欠なのだ。そして、これは育てられるものではない。天性がモノをいうからだ。

そこで編成部は、チームの将来像を明確に描いたうえで現状をみつめ、即戦力型と育成型のバランスをとりながらスカウティングを行わなければならない。それだけ専門的な知識と情熱、そしてなにより未来想像力が必要なセクションなのである。

ところが、少なくとも私が監督だった当時の阪神の編成部は、先にあげた問題点をすべて抱え込んでしまっているかのような状態だった。

現場がどうしてもほしい即戦力型選手には交渉にいかず、かといって将来有望な選手を発掘しているかといえば、そうでもない。外国人選手にしても、バース以降期待通りの働きを見せたのは、オマリーのほかには三年連続二桁《ふたけた》勝利をあげたマット・キーオくらい。ちなみに私のいた三年間に来日したのは、ブロワーズ、ジョンソン、タラスコ、バトル、ハートキー、フランクリン、クルーズ、ペレス、エバンス、ハンセル、カーライル……といったところだったが、何人の選手のフルネームを憶えているだろうか。ブロワーズなどはたしかにメジャーリーガーであったらしいが、あとで聞いたところではすでに一度引退を表明していたそうだ。

また、あらためて調べてみてわかったが、阪神はトレードでも失敗しているケースが多い。九一年には四対五のトレードで福岡ダイエーホークスに移籍した池田親興《ちかふさ》がリリーフエースとして活躍、大野久《ひさし》も盗塁王に輝いたのに対し、阪神が獲得した五選手はほとんど出場機会がなかったし、九三年には松永浩美《ひろみ》の代わりにオリックスに放出した野田浩司《こうじ》が最多勝に輝いている。

つまりは阪神というチームに選手の将来性を見る目がないということであるが、チームの将来像を描けず、場当たり的な補強を繰り返していたことも影響していると思う。とくに八五年の優勝以降、泥沼状態が長く続いたのはやはり、こうした失態が相次いだことで戦力が整わなかったという理由が大きい。

私が監督になったときのヤクルトの編成部も、阪神と大差はない状態だったが、私がトップに働きかけ、編成部とも直接話をし、彼らもそれに応《こた》えてくれた結果、順調すぎるほど順調に適材適所の戦力が揃っていった。それがヤクルト躍進の原動力となったし、その後毎年のように主力が流出しながらもなんとか好成績を残してきた大きな要因になったと思っている。

場当たり的な監督起用

未来想像力の有無は、監督の後継者選びにも端的に現れる。

どれだけの名監督であろうと、永遠にチームを率いることはできない。いつかは若い世代にバトンタッチしなければならない。そうした事態を迎えたとき、どのような観点で後継者を選び、いかなるかたちでバトンを渡すかが、組織を維持していくうえで非常に重要であるのは別にプロ野球にかぎった話ではないだろう。

つねに優勝を争うチームは、このシステムがきちんと機能している。この点でもかつての巨人は突出していた。『巨人軍論』にも書いたエピソードだが、私が南海の監督を務めていたとき、巨人の監督だった川上さんから、富田勝《とみたまさる》という三塁手がほしいという声がかかった。「長嶋に衰えが見え始めたので、ときどき休ませるために代わりがほしい」というのである。会合のために指定された場所に赴いた私は驚いた。長嶋がいたのである。川上さんは言った。

「長嶋は次期監督になる男です。トレードとはどういうものか勉強するために同席することを許してほしい」

川上さんはこうして長嶋に帝王学を仕込んでいたのである。振り返れば、三原脩《みはらおさむ》さんあたりからあとの巨人の監督は、水原《みずはら》さん、川上さん、長嶋、藤田元司さん、王というふうに、しかるべき人間が務めてきた。それぞれの監督は後継者について考えていたふしがある。水原さんは川上さんが現役のころからコーチを務めさせていたし、川上さんが後継者として長嶋を考えていたことは先のエピソードで明らかだ。また、長嶋の解任で突如抜擢《ばってき》された感のある藤田さんにしても、コーチ時代や解説者時代に川上さんの薫陶を得ており、次の王にスムーズに政権を委譲するために王を助監督にし、参謀役の牧野茂《まきのしげる》さんとともに監督業を間近で見させた。もちろん、こうしたことには球団の意図が反映されていたに違いない。

ヤクルトにもそういう体制がある程度できていた。監督を務めていたときから、私はオーナーに「次は誰を監督にするつもりですか」と、ことあるごとに訊ねた。その人物に私なりの帝王学を仕込んでおきたかったからである。

オーナーは私に気をつかってか、「そんなことは気にせずやってください」と答えるのみで、誰が候補なのか明言されなかったが、あるとき解説者を務めていた若松勉《わかまつつとむ》が現場に呼び戻されたことで、ピンときた。私のあとは若松をクッションにおいて、古田に禅譲するのがオーナーの考えだと確信したのである。

二〇〇八年からヤクルトの指揮は巨人OBの高田繁が執ることになったが、西武から荒木大輔《あらきだいすけ》をコーチとして呼び戻した。藤田さんのもとで助監督を務めた王がそのあとを継いだように、おそらく次期監督は荒木、そしてゆくゆくは宮本慎也《みやもとしんや》に、という図式ができあがっていると考えられる。

　この後継者問題に関して、阪神はとくにお粗末だと感じていたのは私だけではないはずだ。かつての阪神は、監督人事についてなにも考えていないように見えた。すべて場当たり的だった。歴代監督の顔ぶれを見ればわかるように、指導者としての経験や見識を問うことなく、だいたいはOBのなかから選手としての実績がある人間やファンの受けがいい人間を適当に据えた感がぬぐえない。結果、失敗し、交代させるということが頻繁に繰り返された。

　なにしろ、「野球を知らない」と公言していた久万さんがオーナーになったとき、親会社から言われたのは「慶応出の安藤と早稲田出身の中村勝広、名門を出たふたりを交互に使っていけばいいから」ということだったそうだ。久万さん自身が雑誌のインタビューに答えてそう明かしておられる。

　もっとも、じつは村山が兼任監督になった一九七〇年には、南海の監督を退いたばかりの鶴岡さんに監督就任を要請しようとしたこともあったらしい。実際、球団社長が鶴岡さんの家を訪ねたそうだ。ところが、鶴岡さんが例の親分口調でフロントに注文をつけたので、社長は保身に走り、監督就任の話を切り出さず、世間話をしただけで帰ってきたという。

が、一説では鶴岡さんは阪神強化計画を練っていて、自分は三年監督を務め、そのあいだに村山と吉田さんに帝王学を学ばせたうえで、適性のあるほうに継がせるつもりだったという。

私は鶴岡さんからそんな話を聞いたことはない。ほんとうかどうかもわからない。けれども、これが実現していれば、その後の阪神の歴史は変わっていたかもしれない。当時のわがままな阪神の選手たちを一喝できたのは、おそらく鶴岡さんくらいだったからだ。鶴岡さんは南海を二〇年以上も率い、〝親分〟と呼ばれた名将である。私が選手をほめないのは、たぶんに鶴岡さんの影響を受けているためなのだが、鶴岡さんは自軍の選手を絶対にほめなかった。そんな、いるだけで選手を震え上がらせるような厳しい監督がやってくれば、甘えが染み付いた阪神の選手も変わったかもしれないと思うのである。

もちろん、鶴岡監督誕生は幻に終わり、結局は村山が三三歳の若さで監督に就くことになった。くしくも三四歳の私が南海の選手兼任監督になったのと同じ年であった。そして、予定より早く監督の役が回ってきた私が、後継者の育成ができなかったことから南海の凋《ちょう》落《らく》がはじまったように、阪神もまた、長い沈黙に入ることになったのである。

人間教育の欠如

阪神の監督について、もうひとつ指摘しておきたい。

巨人が九連覇を続けていた時代の阪神は、決して弱いチームではなかった。記録を調べると、九年間のうち二位が五度。Ｂクラスに落ちたのは一度だけである。その後の掛布、バース、岡田、真弓らがいた時代だって、戦力的にはもっと勝ってもおかしくなかった。

しかし、阪神はなかなか優勝できなかった。優勝しても、勝ち続けることはできなかった。巨人が前人未到の九連覇を達成したのとは対照的である。その違いはどこに原因があったのか。

もちろん、これまで述べてきたようなことがからみあい、積み重なった結果だとは思う。けれども、とくにＶ９時代の巨人とのあいだにはもうひとつ決定的な差があった。人間教育の有無である。

阪神という球団は、選手に対して人間教育をいっさいしてこなかった。これは私の想像ではない。小津元球団社長みずからが在任中に雑誌のインタビューで明らかにしていることだ。小津さんはみずから「阪神出身の人間は他球団から指導者として迎えられることがなかった」と語り、その理由についてこう述べていた。

「阪神はそういう人間をつくる人間教育をしてこなかったということひと言に尽きる」

たしかに、広岡さん、森、王、土井、高田の監督経験者をはじめ、元巨人の選手が多数指導者として他球団に迎えられているのに対し、阪神の選手でほかのチームの監督になったのは、田淵と中村くらい。しかも、いずれもはっきり言って失敗している。おそらくコーチの数もかなり少ないのではないか。

一般企業がスポーツの指導者を社員や幹部候補生向けの研修に招き、講演を依頼することがよくある。幸いなことに私もいろいろな場所に呼んでもらっているが、その担当者が阪神の歴代監督のリストを眺めた時、「この人の話を社員に聞かせたい」と思う人材が何人いるだろうか。おそらく星野だけではないかと思う。

指導者として大成するためにはやはり、高い人間性が不可欠なのである。そして野球選手の場合、それは選手時代に培われる。

「人間的成長なくして技術的進歩なし」というのは私の持論である。技術指導と並行して人間教育を行わなければ、なんの効力もないと私は信じている。だから私は不思議に思う。いまの一二球団の監督の——いや、楽天をのぞく一一球団か——誰ひとりとして、選手に対して人間教育をするものはいない。社会学、人間学という観点から選手に訓示をすることがない。野球学だけなのである。野球人である前に社会人でなければならないという認識が欠けているようなのだ。

V9を達成した川上さんはミーティングをよく行ったというが、森に聞いたところでは、野球に関してはほとんど話をしなかったという。多くの時間が人間としての教育に費やされていたそうだ。なぜなら、川上さんはこう考えておられたからだ。

「プロ野球選手として働ける時間より、その後の人生のほうが長い。かりに野球以外の世界で生きていくようになってもバカにされないように、さすがは元ジャイアンツの選手だと言われるような人間にしておきたかった」

私も同じである。私は、選手たちの将来を考えて、「いつまでも野球をやってはいられない」という意識を選手に植え込むことからはじめる。どんなに長く現役を続けたとしても、せいぜい三七、八歳まで。川上さんが言われるとおり、それからの人生のほうが長いのである。とすれば、引退後のことを視野にいれながら今日という日を生きなければならない。解雇されてからあわてても遅いのだ。

人として生きていくことを考えたとき、なによりも大切なのは評価である。そして、自己愛に基づいた自分の評価よりも、他人が下したそれのほうが正しい。つまり、その人間の価値は、他人が決めるのである。だからこそ、謙虚さと素直さが求められる。とすれば、指導者は選手に対してそのことを理解させなければならない。

阪神の監督は代々そうしたことをしてこなかった。したとすれば、藤本さんくらいだろう。その悪しき伝統が選手を甘やかし、つけ上がらせることにもなった。たとえメディアやタニマチから、おだてられ、ほめそやされたとしても、選手自身に高い人間性が備わっていれば、のぼせ上がって勘違いすることはない。また、監督が、野球選手である前に人間としてのあり方をきちんと説いておけば、少なくともここまで内紛が絶え間なく続くことはなかったとも思うのだ。

川上さんは、ＯＮでさえ特別扱いしなかったという。叱るべきときは毅《き》然《ぜん》として叱った。ＯＮという両雄が並び立ったのは、つねに長嶋を立てる王の存在が大きかったのは事実だが、その根本には川上さんが彼らに対しても厳しく人の道を説いたことが大きかったと私は考えている。

かりにＯＮが阪神に入団していたとしても、阪神は連覇を続けることができたかどうか。いくら技術がすぐれている選手を多数集めたとしても、勝ち続けることができないのは、それこそ最近の巨人が証明している。勝ち続けるためにはやはり、勝つにふさわしい人格が選手たちにも備わっていなければいけないのだ。そのためにも人間教育が大切なのである。阪神にはそれが欠けていたように思うのだ。

無形の力の軽視

私は「精神野球」という言葉に嫌悪を覚える。私のいう精神野球とは、体力・知力・気力のうち、気力だけを重視する野球である。プロとして気力は持っていて当然。体力についても、いやしくもプロスポーツ選手である以上、当然備えていなければならない資質といっていい。このふたつを問題にしなければならない野球など、私に言わせれば論外である。言い換えればプロ野球とは、知力をもって競い合うスポーツなのだ。

また、技術力という天性だけに頼る野球も私は嫌いだ。野球とは「間」のスポーツである。一球一球状況が変わり、そこに生じる攻める側と守る側の心理のからみあいにその本質はある。そして、そのためにおたがいが全知全能をかけて戦うところにこそ、野球の醍《だい》醐味《ごみ》が存在するのである。技術力だけに頼る野球は、それをスポイルしてしまう。

ところが、阪神というチームはずっと、体力と気力と技術力の野球を続けてきたように私には思える。言い換えれば、知力をはじめとする目に見えない〝無形の力〟をないがしろにしてきたように感じられる。私が現役時代とヤクルト監督時代を通じていつも阪神を見下していた所以《ゆえん》であり、阪神に伝統を感じない最後の理由である。

無形の力とは、目に見えない力のことだ。対戦チームだけでなく自分たちのデータも徹底的に収集・分析し、観察し、見極めて、的確な戦略・戦術を考え、作成する。それを具体化するために、各自が果たすべき役割を認識し、準備し、チーム一丸となって実行する。こうした力の前には、技術力などという有形の力はそれほどの威力を持たない。つまり、無形の力を伸ばしていけば、たとえ弱者であっても強者を倒すことができるのである。

有形の力は、選手が代わってしまえば、選手とともに失われてしまう。しかし、無形の力は消えない。選手が代わっても受け継がれていき、ひいてはチームの財産となる。その代表がV9時代の巨人であり、広岡さんが路線を敷き、森がそれを受け継いだ西武だった。手前味噌《みそ》になるが、ヤクルトがあれだけ毎年主力選手を失いながらも一貫してAクラスをキープし続けることができたのも、私が無形の力の重要性をうるさいくらいに説いた結果、それがその後も受け継がれていったことが大きいと自負している。

ところが阪神は、伝統的に無形の力を軽視していた。それを端的に示すエピソードを、かつて左のエースとしてローテーションの一角を担った仲田《なかだ》幸司《こうじ》がある雑誌で披露していた。

仲田は一九九六年にFAで阪神からロッテに移籍した。仲田によれば、阪神時代とロッテ時代で何がいちばん違ったかといえば、「字を書く量」だったそうだ。阪神でもロッテでもキャンプではミーティングがあった。ただ阪神のときはノート一冊の半分も使わなかったのが、ロッテに来たら、三冊消費したのだという。

当時のロッテのピッチングコーチは尾花高夫《おばなたかお》だった。ヤクルト時代の私の教え子である。ミーティングで尾花は、「球種、カウント、打てるゾーン、打てないゾーン、危ないゾーンと、打者ひとりにつき二〇分くらいかけて」説明したと仲田は言う。

対して阪神時代のミーティングは「大雑把《おおざっぱ》」で、「インコースが弱いからそこに投げろ」とか「アウトコースに投げておけば大丈夫」という程度の内容だった。それだけでも「えらい違い」だったのに、尾花はさらに相手バッターの性格についても解説した。「このバッターはカリカリするタイプ」だとか「チャンスになったら燃えるタイプだからあまり素直に配球するな」というふうに……。

その記事が出たのは私が阪神の監督だったときで、「野村監督やったら、僕をどないして再生するんかなあ」と仲田は考えたそうだが、要するに阪神ではその程度しか「無形の力」を活用していなかったということだ。阪神がそれなりの戦力を有していた時代であってもなかなか勝てなかった理由が、このエピソードでもおわかりいただけると思う。

第四章　阪神を星野、岡田は強くしたか

阪神には〝理〟よりも〝熱〟

私が監督を辞任してから二年後の二〇〇三年、星野監督に率いられた阪神タイガースは一八年ぶりのリーグ優勝を果たした。そのまた二年後、今度は岡田現監督のもとでセ・リーグを制した。

星野を迎えて以降、阪神は少なくとも優勝争いに加わることができるチームとなった。事実、ほぼ一貫してAクラスをキープしている。

幸甚なことに、現在の阪神の躍進の陰には私の功績も大きかったのではないかといってくださる方がいる。阪神ファンのなかにも少なくないようだ。いわく、私が「野村の考え」を叩《たた》き込み育てた選手の力を、星野がうまく引き出し、開花させたからこそ、いまの阪神があるというわけである。

久万オーナーもある雑誌で、「野村と星野の順序が逆だったらダメだったろう」と語り、その理由を「野村は選手を鍛える、つまり選手の欠点を注意深く追って、ここを直せばよくなるということを見る目はすばらしかった。対して星野は、選手を見る目は間違いないが、育て上げて使うというタイプではないと思う」としたうえで、こう述べておられた。

「野村の監督時代は三年連続最下位だったが、その成果が星野によって花開いた」

みなさんからそういっていただけるのは望外の喜びであり、私としては恐縮するしかない。もちろん、たぶんにお世辞が混じっているのは承知している。

そうして評価してくれるのは非常にうれしいことではあるが、反面、私には忸怩《じくじ》たる思いがある。というのは、私自身はそんなことは少しも思っていないというのが正直なところだからである。

阪神の監督時代、私は何ひとつ変えることができなかった。たしかに赤星や藤本ら機動力のある若手を発掘、登用し、正捕手に矢野を抜擢《ばってき》した。ほかにも井川や濱中《はまなか》おさむら、星野のもとで優勝したチームには私の監督時代に頭角を現してきた選手も少なくはない。

だが、私が彼らを育てたなどとは、口が裂けてもいえない。なぜなら阪神時代の私は、育てるという気持ちさえ失っていたからである。

たとえば矢野だ。矢野に対しては、古田にしたように、ベンチで横に座らせて捕手論を教え込んだ憶《おぼ》えはない。古田のことはめちゃくちゃ叱《しか》ったが、矢野を怒鳴ったことは一度もなかったと思う。真面目《まじめ》だし、セオリー通りの配球だから、叱る理由もないのである。

加えて年齢の問題もあった。彼はすでにある程度できあがっている捕手だった。一から鍛え直すことは無理だった。

だから、私が矢野を育てたなどとはとてもじゃないが言えないのである。私が矢野に対してやったことといえば、彼を正捕手と認めず、山田やカツノリも併用するなどして、危機感をあおったことだけだ。それが相乗効果となって、ほかの捕手にも刺激を与えると考えたからである。彼がいまや一流といわれるキャッチャーに成長したならば、それは彼の努力のたまものであり、周囲の指導者のおかげである。

同様に、赤星や藤本を発掘し、重用はしたものの、育てるまでにはいたらなかった。その意味でもやはり、阪神を変えたのは星野である。心からそう思っている。

星野は私にないものを持っているのだ。だからこそ、私は後任として星野を推薦したのである。

二〇〇一年に阪神の監督を辞任することになったとき、「後任には誰が適当か」と聞かれて最初に私が推薦したのは西本幸雄さんだった。甘やかされきった子どもの集団を戦うチームに変貌《へんぼう》させるには、鉄拳《てっけん》制裁も辞さない、〝強い親父〟が必要だと三年間で心底感じたからである。阪神には、〝理〟よりも〝熱〟が求められていると悟ったのだ。

ところが、阪神は以前にも西本さんに監督就任を要請したのだが、医師の診断書付きで固辞されたということだった。

となれば、もはやひとりしかいない。私は言った。

「星野しかいないでしょう」

星野の持つ鉄拳と人脈

そう、私になくて星野にあるもの、その第一は「こわさ」である。明大時代、厳しかったことで知られる故島岡吉郎《しまおかきちろう》監督の薫陶を受けただけに、星野は人をして「やらなければならない」気にさせるムードを持っている。かんたんにいえば、「やらなければぶっ飛ばされる」という恐怖である。

星野という〝闘将〟が来てから、緩みきっていた阪神のチームの雰囲気がガラッと変わったのを、みなさんも感じられたことだと思う。ピーンと張り詰めた空気が漂うようになった。水原さんに代わって川上さんが巨人の監督に就いたときと同じような感じだった。

私も含めたそれまでの阪神の監督は、こうしたムードを醸したくてもできなかった。星野はまだ若いこともあって、まずはその存在感だけで選手たちをやる気にさせたのである。

星野にあって私になかったものの第二は、「政治力」である。

「きみの話はもっともだが、抽象論が多いのだよ。星野の話はつねに具体的なんだ」

星野が二年目に阪神を優勝させたときだったか、久万オーナーに会った私はそう言われた。

「きみはたしかに選手の教育はできるし、選手もよく見ている。しかし、〝じゃあウチに〟と、選手を引っ張ってくるだけの政治力がなかった。星野はそれができるんだ。きみはツメが甘いんだよ」

久万さんによれば、星野は交際範囲が広いので、選手を捕まえるためのルートを持っているし、「この人に話せばいくら必要で、本人に渡すのはこれこれでも、総額ではこれだけかかる」ということまで計算するらしい。そして、選手本人についてもどういうアプローチをすれば乗ってくるか知っていて、みずから条件も含めて直接口説き、自分のほうに来るように話をうまくもっていく。そのうえで、「ちょっと高くつきますが、よろしくお願いします」と球団に談判するというのである。そうして星野は金本や伊良部、片岡、下柳らを手に入れることができたというわけだ。

私にはそんなことはとてもできなかった。久万さんの言うとおり、「エースと四番を獲《と》ったが、「この選手がほしい」という具体的な話はできなかったし、当然直接交渉するなどということはしなかった。「強くするには金がいる」と言いながら、「ではこれだけ必要です」とは提示できなかった。そういったことは編成をはじめとするフロントの仕事だと考えていたという理由もある。

だから、久万さんはたしかに「野村の言うことはもっともだ」と言ってくれ、「いちいち腹が立つけれど、正しい」と認めてくれはしたが、実際にはなかなか動いてはくれなかった。

私が星野のように突っ込んだ話をできないのには、貧乏育ちだからという理由もあるかもしれない。少年時代の星野も決して裕福ではなかったというが、私の場合はそれに加え、少年時代のほとんどを物のない戦争のなかで過ごさざるをえなかった。我慢するしかなかった。

子どものころに充足されないと、おとなになってからやたらものをほしがるようになるという。その点では星野と私は共通しているかもしれないが、そうした我慢の体質が染み付いてしまっている私は、星野のように「ほしいものはほしい」とはっきり要求できないのだ。一度断られたらそれ以上強くいえず、「あるものでなんとかしよう」と考えてしまう。それが野村再生工場につながったと言えなくもないのだろうが、いずれにせよ、私が星野と違ってツメと押しに欠けていたのは事実である。また、星野ほど若くない私には、自分から動くだけのエネルギーがなくなっていたのかもしれない。

加えて星野は、言葉は悪いが、世渡りが非常にうまい。中日時代から財界人とのパイプが強かったことはよく知られているが、これもやはり封建的ということでは大学球界屈指といわれた明大時代の体験が大きく影響しているのだろう、〝じいさんキラー〟といわれるように、先輩にじつによくかわいがられる。私とは対照的である。中日時代は球団社長を通り越して、オーナーと直接話をしていたという。

そういえば、優勝したとき、「いまの阪神があるのは野村さんのおかげ」とことあるごとに前任者である私を持ち上げる発言をしていた。そう言われれば私だって悪い気はしない。

そうした人脈と巧みな気配りにより、周囲の人間に「なんとかしてやろう」と思わせてしまうのが星野のうまいところなのである。もちろん、それは星野の人間性によるもので、対照的に私がそうしたことが不得手なのは、それだけの人徳が備わっていないということなのだろう。

さらに星野は、私が苦労したメディア対策、OBの懐柔も巧みだった。伝え聞くところによると、監督就任が決まった際、星野は関西のマスコミ各社を訪れ、頭を下げたという。また、「マスコミもチームの一員。ともに戦おう」と〝共闘〟を呼びかけ、さらにはキャンプがスタートする前に「阪神の再建策をレポートにまとめてくれないか」と各社に依頼。キャンプがはじまってからは記者たちと連日朝食会も開いたそうだ。

一方、OBに対してはまず、親友の田淵をコーチに据えて橋渡し役とした。田淵とともに〝初代ミスター・タイガース〟藤村さんの墓参りにも行った。こうしたいわば全方位外交により星野は、孤立無援だった私とは対照的に味方を増やしていったのである。

もちろん、鉄拳と人脈だけでは最初は人を動かせても、長続きはしない。そうして生まれたモチベーションは本物ではない。結果を出すためにはやはり、本人が心からやる気を出すことが必要だ。指導者は選手をそういう方向に導いていかなければならない。このあたりも気配りの星野はじつにうまかったのだろうと想像する。

適材適所の投手陣と切れ目ない打線

こうして星野は着々と阪神を改革していったわけだが、星野の具体的な功績のなかでいちばん大きいのはやはり、二〇〇二年オフに金本、伊良部、下柳を獲得したことだろう。前年、つまり就任一年目の星野阪神は六六勝七〇敗四分の四位に終わった。たしかにチームのムードは変わったし、選手もやる気を見せた。しかし、九年連続Bクラスの戦力不足は星野の〝恐怖政治〟をもってしてもどうすることもできなかった。星野はそれを痛感したのだろう。そのオフに持ち前の政治力と人脈を活《い》かし、チームの柱に据えるべくこの三人を獲得したわけだ。

結果的に伊良部と下柳はふたりで二三勝をあげた。井川が成長し、前年に一〇勝をマークしたムーアも健在だったとはいえ、このふたりがいなかったらあれほどまでの躍進はなかったはずだ。さらに星野は二年目の安藤とルーキーの久保田を抜擢、新加入のウィリアムスと合わせて万全のリリーフ陣を形成した。この体制が確立したことで、先発が最低五回まで持ちこたえることができれば勝利に結びつく可能性が高くなり、先発の肉体的・精神的負担も軽減される。各自が自分の役割を果たすという適材適所の投手陣ができあがった。

一方、攻撃では星野は金本を三番に置き、一番に今岡、二番に赤星を配するという打線を組んだ。今岡は足は速くないし、走塁にも興味を示さないので一番は適任ではない。したがって私に言わせれば適材適所の打線ではなかったが、結果的に今岡の打棒が爆発、赤星が急成長したことで、それほど問題にはならなかった。

が、それ以上に大きかったのはやはり、金本の存在だ。金本は、三番に座ることで自分を殺し、つなぎに徹《てっ》した。四球を選び、進塁させるために右打ちを心がける姿が目立った。本来なら四番を務め、「おれが、おれが」とつねに一発を狙ってもおかしくない選手が、チームを第一に考え、犠牲心を発揮したことにより、その姿勢がほかの選手にも波及した結果、阪神打線は「点」ではなく、一番から八番まで途切れることのない「線」となった。

この年の阪神のホームラン数はそれほど多かったわけではない。少なくともバース、掛布、岡田、真弓を擁した一九八五年の打線に較べれば、はるかに見劣りした。にもかかわらずあれだけの快進撃を見せたのは、適材適所の投手陣とそれを守り立てる切れ目ない打線が、奇跡的といえるほどうまくかみあったからだと言っていいだろう。

星野阪神イコール川上巨人か

こうしたチームをつくりあげた星野について、川上哲治さんの影響を指摘する声がある。

実際、星野はＮＨＫの解説者を務めていたころにやはりＮＨＫの解説者だった川上さんに頭を下げ、たびたび教えを乞うたというし、監督になってからは、川上さんが監督のときと同じ背番号77をつけていた。川上さんも星野をかわいがっていたと聞く。

たしかに、川上さんが長嶋と王をチームの中心に据え、周囲を柴田、土井、高田、黒江といった脇役として自分の役割をまっとうする選手たちで固めて適材適所の打線を組んだように、星野も金本を中心にして、その周りには赤星や藤本といった地味ながらも自分の仕事を着実に果たす選手たちを配した。

また、中日の監督時代には大島康徳《おおしまやすのり》、谷沢健一《やざわけんいち》、牛島和彦《うしじまかずひこ》といったチーム生え抜きのベテランを放出、阪神でも三分の一の選手が入れ替わるほどのリストラを断行し、川上さんに劣らぬ非情さも見せた。こうして着実に層に厚みを加えて選手間の競争をあおるとともに、選手に危機感を植え付けた。これも、広岡さんや森でさえ、次々と入団してくるライバルたちのせいでレギュラーポジションが保証されていなかった巨人と同様だ。

そして、川上さんが参謀として牧野茂さんを招いたように、中日監督時代からの腹心である島野育夫《しまのいくお》をつねにそばに置いた。

ONの存在が大きすぎるので見過ごされがちだが、当時の巨人は基本的には投手を中心とする守りの野球が特徴だった。犠牲バントも多用した。星野の率いていたときの阪神の野球も、やはり投手力を軸とするオーソドックスなものだったし、バントも多かった。

そういえば、財界人との親交の深さも川上さんとよく似ている。星野が川上さんを指導者としての手本にし、尊敬しているのは事実だと私も思う。

とすれば、阪神の躍進の背景には、皮肉なことに阪神がライバル視してきたV9巨人の野球を実践したから、と言えないこともないようだ。かたちのうえではたしかにそう見える。

星野の意識改革

ただ、阪神で失敗した私が言うのははばかられるが、「監督」としての星野には率直にいって疑問符がつくこともある。

投手出身の監督はダメだというのが、私のプロ野球生活から導き出された結論である。事実、投手出身の監督で成功したと言えるのは、星野以外では藤田元司さんくらいではないか。村山は惨憺《さんたん》たるものだったし、東尾修《ひがしおおさむ》も当時の西武の戦力を考えれば、もっと勝てても不思議はなかったはずだ。中日の監督を務めた山田久志《ひさし》も在任期間は短かった。

そもそも近代野球では投手出身の監督自体が少ない。というのは、たいがいのピッチャー出身者は、唯我独尊というか、お山の大将で選手時代を送っている。そんな人種に監督が務まるわけがないのである。なぜなら、現役時代に自分は勝手なことをしていたのに、指揮官になった途端、選手には自分がやらなかったことを押し付けなければいけなくなる。当然、選手は「自分だってそんなことはしてなかったじゃないか。監督になったからって、急に変わるなんてなんだ!」と反発するわけである。

大先輩を例に出して申し訳ないが、そんな投手出身監督の代表例が金田正一さんだ。ひと言で言えば、「気合いだ! 根性だ!」だけ。投手出身者には野手の気持ちはわからないし、野球の本質を理解しているとはいいがたい。勘だけで采配《さいはい》している。名投手といわれた人ほど、そうした傾向が強い。

星野はその金田さんとよく似ていると私は感じている。基本的に星野の野球は、川上さんの影響うんぬんというよりも、明治大学時代の恩師・島岡御大ゆずりの「精神野球」だと思っている。だからこそ、ぬるま湯に浸《つ》かった阪神を再生させるのに適任だと私は考えたわけだが、星野が偉いのは、そうした自分の欠点を認識しているのか、きちんとしたブレーンを用意していることである。

すなわち、信頼の篤《あつ》い島野をヘッドコーチに置き、彼を中心に現場は信頼できるコーチに権限を全面委譲し、自分自身は選手に対してにらみを利かす存在に徹するわけである。言い換えれば星野は、現場の監督というよりも、マネージャータイプなのだ。

余談だが、二〇〇七年に亡くなった島野は私と同じ南海の出身である。南海では劣等生だった。彼が阪神のコーチになったとき、われわれは「島ちゃん、何を教えるんだろうね」と言い合っていたほどだ。私は選手時代の島野しか知らないが、それだけに彼はその後「自分はなんでこんなに野球を知らないのだろう」と自問自答し、すごく勉強したのだと思う。

話を戻せば、やはり星野が優勝できたのは、阪神の野球を変えたというより、選手の意識改革に成功したことがいちばんの要因だと思うのである。

たしかに星野は阪神を劇的なまでに変貌させた。ただ、それが野球の本質を選手に理解させ、浸透した結果、もたらされたものかといえば、そうは思わないというのが私の正直なところなのである。誤解を恐れずにいえば、この年の阪神の大変身は、私と対照的な星野がやって来たことで、選手が大いにやる気を出したからだと思うのだ。

星野が目指した阪神の野球が、正統にV9巨人を受け継ぐものなのか、それともたんにうわべだけを真似《まね》たコピーだったのかは、選手たちに野球に対する深い理解と高い人間性が植え付けられたかどうかで決まるはずである。

島岡さんは自身が野球選手ではなかったこともあり、川上さん同様、野球の指導はほとんどせず、人間教育に力を入れていたというが、阪神の選手に対して星野がどの程度人間教育を施したのかは知らない。

だから、星野の真価が問われるのは翌年だと私は考えていた。私自身も経験があるが、優勝した翌年というのは、ほんとうに苦労するのである。どうしても選手の気持ちが緩んでしまう。それを締めなおすのは想像以上に困難なのだ。そのとき、モノをいうのがどれだけ高い人間性が選手に備わっているかということなのである。

ヤクルトは優勝した翌年はいずれもBクラスに落ち込んだ。それは私の力が足りなかったということなのだが、だからこそ、優勝したあとの星野の采配を見てみたかったと思うのだ。そうすれば、星野がどれだけ人間教育に力を入れたか明らかになるからである。しかし、残念ながら、ご承知のように星野は勇退してしまった。

じつは私は、星野が一〇年くらい監督をやればよかったと思っている。長いあいだ甘やかされ続けてきた阪神の選手を根本から変えるには、星野のようなタイプの監督がそれくらいの長きにわたって鍛えなおさなければ不可能だと感じていたからだ。だからなおさら、星野がたった二年で辞任してしまったことを残念に思うのである。

第五章　阪神は変わったか

金本という中心

星野のもとで一八年ぶりの優勝を飾り、その後もだいたい毎年優勝争いに加わっている阪神タイガースは、傍目《はため》には生まれ変わったように見えるかもしれない。

だが、それは事実なのか。ほんとうにダメ虎を脱し、常勝軍団への道を歩みはじめているのだろうか。星野という〝強くて怖い親父〟が去ったあと、選手たちは甘えの体質に逆戻りしていないのだろうか。そして、星野が川上野球を手本にしたというのなら、上っ面《うわつら》だけでなくその精神までもが選手のなかできちんと消化されているのだろうか。最後にこれらについて考えてみたい。

まず、私がいた時代と較べて明らかに大きく変わった部分がある。その第一は、何度も言うが、金本が加入したことでチームの中心ができたことだ。現在のプロ野球で、「真の中心」といえるのは彼くらいだと私は思っている。

中心打者は少々のケガや自分勝手な理由で休んではいけない——私はそう考えている。長嶋と王はオープン戦でさえ休まなかった。かくいう私も連続試合出場にはこだわった。

その記録が途切れた選手生活の晩年のことだが、背中が痛くて夜眠れないことがあった。翌日になったらさらに痛みはひどくなり、バスの背もたれにも寄りかかれないほどだった。けれども、当時巨人のお抱え接骨医だった吉田先生のもとに赴いて治してもらい、ダブルヘッダーの第二試合には出場した。われわれの時代の中心選手はみな、それくらいの気概で野球に取り組んでいた。

金本も、九〇四試合連続フルイニング出場の世界新記録を達成したことでもわかるように、めったなことでは休まない。少しくらいのケガでは痛がらない。「ケガをしても、言わなければケガではない」と発言しているほどだ。こうした考え方は、彼が広島時代にケガをしたとき、コーチに訊《き》かれて「痛い」と答えたために休まされ、レギュラーからはずされた苦い経験にもとづいているらしいが、高校卒業時に第一志望の大学に入学できず、プロテストにも不合格になったうえ、ドラフトでも下位指名だったことも影響しているかもしれない。

ともかく、その金本がやってきたことで、矢野や赤星、さらには今岡までがかんたんには休まなくなったという。二〇〇四年に入団した鳥谷も「全試合出場」を目標に掲げていた。

また、チーム優先主義という点でも金本はすばらしい。前にも「つなぎのバッティングに徹《てっ》している」と述べたが、彼は相手投手がストライクが入らないで汲々《きゅうきゅう》としている場面で、早いカウントから打って出ることがない。一塁ランナーの赤星が好スタートを切ると、たとえ打ちごろのストライクであっても見送ることが多い。

移籍一年目、金本の成績は数字上では期待されたほどではなかったかもしれない。しかし、それは彼がつなぎのバッティングに徹していたからという面を見逃してはいけない。金本はまさしくチームの鑑《かがみ》となっているのである。

改革のメスが入った編成部

もうひとつ大きく変わったのが、編成部である。

阪神時代は何ひとつできなかった私ではあるが、ひとつだけ残したものがあるとすれば、それは編成部の改革に先鞭《せんべん》をつけたことだと自負している。

私が監督だったころの阪神の編成部はどうしようもなく、阪神低迷の元凶であった。そのため久万オーナーに直談判《じかだんぱん》し、「編成部こそ球団の心臓である」と改革を迫ったことはすでに述べた。残念ながら私の在任中は最後まで思うような補強はかなわなかったわけだが、着実に編成部にメスが入っていたのは事実である。

まず、親会社からチーム強化に意欲を持つ取締役が球団に出向し、常務として編成部を含めたトップに立った。同時に、やる気のないスカウトや部員がずいぶんとクビになったり、他部署に異動させられたりした。

加えて、これは私が辞任したあとのことだが、私の下で監督付広報を務めていた若手がスカウト部に転出した。前述の常務のもとに集まった彼や彼と志を同じくするスタッフたちが、強豪の大学や社会人チームに頻繁に顔を出すことでアマチュア球界とのパイプづくりに乗り出した。そこには阪神と決して良好な関係になかったチームもある。

その改革がどういう結果をもたらしたか。

まず、私と入れ替わりにトヨタ自動車から安藤優也《あんどうゆうや》が入ってきた。翌年は、結果的には失敗したものの、和田毅《つよし》（早大→ダイエー）と木佐貫洋《きさぬきひろし》（亜大→巨人）という大学球界屈指のエースを獲《と》りにいった。「阪神にしか行かない」と表明していた久保田智之《くぼたともゆき》も五巡目で手に入れた。自由獲得枠で入団した杉山直久《なおひさ》と江草仁貴《えぐさひろたか》も戦力になっている。そして、二〇〇三年には激しい争奪戦の末、その年の目玉といわれた早大のスラッガー・鳥谷を獲得した。その翌年に入団した能見篤史《のうみあつし》、橋本健太郎《はしもとけんたろう》もそれなりの活躍を見せている。そして、二〇〇七年には前年に大学・社会人ドラフトの三巡目で指名した上園啓史《うえぞのけいじ》が新人王に輝き、オフのドラフトでは東洋大のエース大場翔太の獲得に動いた。

また、FAやトレードでも、金本、伊良部、下柳を獲得したほか、二〇〇七年のオフにはFAで広島の新井貴浩、トレードで日本ハムの金村暁《かねむらさとる》が加入。不調に終わったものの、福留孝介（中日→カブス）やグライシンガー（ヤクルト→巨人）の獲得交渉にも乗り出した。以前の阪神からすれば考えられないことである。また、外国人選手もジョージ・アリアス、トレイ・ムーア、アンディー・シーツがまずまずの活躍を見せ、ジェフ・ウィリアムスは必要不可欠な存在となっている。

じつは今回、あらためて近年のドラフト指名選手をシビアな目でチェックしてみたら、必ずしも成功しているとはいえないことに気がついたのではあるが、とはいえ、現場がほしい選手の獲得交渉すらしなかったかつての編成部に較べれば、補強に対する姿勢という意味では大きな変化だといっていい。

即戦力にこだわるわけ

近年の阪神のドラフト指名選手の顔ぶれを見てもっとも変わったなと感じるのは、いま述べたように即戦力選手、つまり大学や社会人出身者を積極的に指名するようになったことだ。ドラフトにおける私の希望が即戦力の、とくに投手だったことは前に述べたが、星野時代の補強を見ても、やはり即戦力中心である。その点では星野と私は共通している。

では、なぜ星野も私も即戦力にこだわったのか。このことはいまの阪神の躍進にも大きく関わっていることなので、阪神論からはややはずれるが、その理由をここで述べておきたい。

私が即戦力にこだわる理由——それは、「将来性という言葉ほど、あてにならないものはない」からだ。思い出してほしい。高校時代に〝怪物〟とか〝超高校級〟という触れ込みで華々しくプロ入りしながら、ほとんど活躍できずに消えていった選手が過去にどれほどいたことか。

スカウトは「一〇年にひとりの逸材」だとか「将来は四番を打てる」「必ずエースになる」などと言って選手を推薦する。しかし、期待通りに伸びていく選手はごくわずかである。悲しいことかもしれないが、それが現実なのだ。そもそも「将来性」とは何を基準に判断しているのか。私にはよくわからない。

それに、これはシダックスという社会人チームの監督を務めてあらためて気づいたのだが、ショートリリーフやセットアッパーとして一、二イニングならば間違いなくプロで通用する選手は、思いのほか多い。

それならば、監督のチームづくりの構想に沿って、たとえ伸びしろはそれほどなくても確実に働く選手を指名したほうがいい。逆に、将来性についていまひとつ判断に苦しむ選手は大学や社会人に進ませて成長を見、三年後もしくは四年後に指名しても遅くはないというのが私の考えである。おそらく星野もそう考えていたはずだ。

「そんな悠長なことを言っていたら、数年後には根こそぎ巨人が獲ってしまいます。いまだからこの契約金で獲れるのです」とスカウトは言うかもしれない。けれども、あてにならない高校生を大量に獲得しても、その大半は一軍で活躍することなく辞めていくことになるわけで、結局は損をすることになるし、選手にとっても不幸であろう。

将来どうなるかわからない選手は社会人に行かせたほうがいいと考えるもうひとつの理由は、プロの二軍よりも社会人のほうが選手を育てるには環境がいいからだ。

社会人はほとんどの試合がトーナメント。つまり、負ければ終わりである。それだけに試合に対する真剣さが、まずプロの二軍とは違う。しかも、社会人選手はいわば会社の広告塔としての役割と、社員に一体感を与えて士気を鼓舞するための機能を担わされている。

負けてしまえば、その役割を果たすことはできなくなる。ほとんど仕事はしなくていい代わりに、そのプレッシャーはプロの二軍の比ではないのである。だから勝つためにどうすればいいか真剣に考えるし、選手としての自覚も生まれる。

だからといって、彼らの給料はそれほどいいわけではない。おそらく一般のサラリーマンより低いのではないか。加えて現役でプレーできなくなれば、現実問題として会社にいづらくなる。それゆえ彼らはなんとか結果を出そうと死に物狂いになるわけだ。

一方、プロの二軍選手は一軍にまったく貢献しなくても同世代のサラリーマンよりはるかに高収入を得られる。そのうえ、阪神のような人気チームでは、二軍選手にもタニマチがつき、持ち上げてくれる。遊びに連れまわしてくれる。技術指導だけでなく人間教育が必要な時期にそういう環境に放り込まれれば、野球に取り組む気持ちがどうしても甘くなる。スカウトの言う通り、もしかしたらその選手は高い将来性を持っていたのかもしれないが、結局は伸び悩み、プロ野球界を去っていくことになる。

現実として、いまの一二球団を見ても、高卒で早くから活躍しているのは西武の涌井秀章《わくいひであき》、日本ハムのダルビッシュ有《ゆう》、そして楽天の田中将大《まさひろ》くらいではないか。とはいえ、彼らは高校卒業の時点ですでに即戦力だったと言っていい。近年の新人王も大学や社会人を経験してきた選手ばかりである。

要するに、プロの二軍選手よりも社会人のほうがはるかに厳しい状況で野球をやっているわけである。しかも彼らの多くは一流企業のサラリーマンでもあるから、社会人としての常識も身についている。この点では上下関係が厳しい大学の出身者も同様だ。だからこそ私は大学・社会人出身者にこだわるのだ。

阪神は変わったか

それでは、肝心の話に戻そう。阪神の野球の中身は変化したのだろうか。

あれは、星野のもとで二〇〇三年にリーグ優勝したときだったか、翌日の新聞に目を通していたら、桧山のコメントが載っており、彼はそこでこう語っていた。

「野村さんが監督だったときは、言っていることがよく理解できなかったけれども、最近ようやく、場面場面で〝ああ、このことを言っていたんだ〟とわかるようになりました」

私が〝冷遇〟した和田豊でさえも、「野村さんの時代も三年連続最下位だったけど、昔の最下位とは意味が違う。昔は訳もわからず野球をやっていた。でも、野村さんのときは、やるべきことはわかっているけど、まだできなかっただけなんだ。できていたら絶対に勝てたと思うし、野村さんは方向性を示してくれた監督だったと思う」と、あるところで話していた。

そういえば、ヤクルトのあるコーチが私にこう話しかけてきたこともあった。

「『阪神と対戦するときはやりにくい』と古田がこぼしているんです」

「どういうことや？」と訊《たず》ねると、そのコーチは続けた。

「いまの阪神の野球には狙い球の絞り方とか随所に野村さんの影響が感じられるから、古田は考えすぎて混乱してしまうらしいのです」

もちろん、いずれもお世辞が混じっているのはわかっている。ただ、私が阪神の監督を辞めてからの桧山には、場面に応じて打つべき方向を変えたり、ヤマをはって狙い球を絞るなど、ずいぶんと工夫が見られるようになったのはたしかだった。以前の彼はいつでもイケイケで、どんなケースでも技術力だけで対処しようとしていたのである。

〝野球は確率のスポーツ〟である。つまり、数ある選択肢のなかから状況に応じて成功する確率がもっとも高いものを選ばなければならない。そこで大きくモノを言うのがデータなのだが、桧山にかぎらず、阪神の選手はデータに対しての認識が甘かった。ほとんどの打者がどんな場面でもストレートを待っていた。好意的に言えば、自分のスタイルを崩したくなかったのだろうし、悪く言えば何も考えずに打席に臨んでいるに等しかった。

しかし、ピッチャーが投げてくる球種は、そのピッチャーの特徴だけでなく、状況やバッターのタイプによっても変わってくる。「来た球を打てた」のは長嶋だけである。いまならイチローだけだろう。それ以外のバッターはできるかぎり球種を推測しなければならない。そこで役立つのがデータであり、その活用を含めた無形の力なのである。だからこそ私は、無形の力を軽んじている阪神の選手たちに対して、うるさくその必要性を説いたのだ。

これはどこかで読んだ話だから事実かどうかはわからないが、星野はかつて私が阪神の選手たちに配付した「野村の考え」にみずから目を通し、「おれが付け加えることはほとんどない」と語ったという。とすれば、自惚《うぬぼ》れを承知で言うが、三年間私がしつこいくらい訴えた無形の力の重要性にようやく選手たちが気づき、自分のものとし、それがその後の阪神のベースに横たわっていると言えないこともないのかもしれない。

選手任せの岡田

ただし、それがいまでも受け継がれているのかどうかについては、私にはわからないというのが率直なところである。

星野のあとを継いで監督になったのは岡田だった。岡田は私が監督をしていたときも二軍監督を務めていた。ただ、典型的な阪神体質なのか、しゃべってもかまわない人間にはよくしゃべるが、「この人はまずい」と思うと、ひと言も話さない。そのせいなのか、私とはほとんど話さなかった。だから、彼がどういう野球をやろうとしているのか私には判断がつきかねるし、まして楽天の監督になってからは、リーグが違うこともあって岡田がどのような野球を実践しているのかは、正直言ってよく知らない。

ただ、こういう話を聞いた。共通の知人を介して、金本が私に会いたいと言ってきたときのことだ。「一度野球の話をしたい」というので一緒に食事をしたのだが、そのとき、金本がこう言っていたのである。

「サインがないんですよ」

「そりゃあ、おまえにサインが出ないのは当然だろう」

そう私が言うと、

「いや、チーム全体にサインがないんです。選手任せなんですよ。監督のミーティングでもありません」

「ほんまか？」

私は驚いた。金本が答えて言った。

「（リーグ優勝した二〇〇五年のシーズン）バントのサインが一回出ただけです。ヒットエンドランのサインも出たことはありませんでした」

バントが必要なときは口頭で「送っといてくれ」と告げるだけだという。

要は、選手の自主性を重んじるということなのだろう。「こういう野球をする」という確固たるビジョンを岡田が示し、それが選手に浸透しているなら、それはそれでいいだろう。私とは意見を異にするが、それは岡田の考えであり、私がとやかく言うことではない。

しかし、以前私は、二軍監督だった岡田に訊ねたことがある。

「なんでバントをさせないんだ？」

すると、彼はこう答えた。

「内野手をしているとき、相手がバントをしてくれると楽だった。アウトをただでひとつくれるのだから、こんな楽なことはないじゃないですか」

そのとき私は「何を言っているんだ、こいつは！」と驚かされたのだが、この言葉から推して知るべしだろう。自主性を重んじているのではない。結果的に選手が自分の判断で動かざるを得ないのである。

百歩譲って、つねに適切な判断ができる選手ならいいだろう。ただし、チームスポーツである以上、その判断が選手全員のあいだで共有されなければいけない。ランナーが「ここはヒットエンドランだろう」と考えているのに、バッターに右方向にボールを転がす意思がなかったら、成立するよしもないからだ。果たして、阪神の選手はそれができるまでに成長したのだろうか。

サッカーやラグビーなら、グラウンドに出れば監督の指示できることはかぎられているから、かなりの部分を選手自身が判断しなければならないだろう。しかも、攻守は頻繁に入れ替わる。だが、野球は「間」のスポーツである。一球ごとに「間」が置かれる。ボールカウントなど状況が変われば、作戦も変化する。それを適切に判断し、指示を出して選手を正しい方向に向かわせるのが監督の仕事である。それは攻撃側も守備側も同様だ。そして、監督の指示を選手が実行するからこそ、そこに勝負の醍醐味《だいごみ》も生まれるのである。

岡田がサインを出さないというなら、それは私に言わせれば監督の仕事を放棄しているということになる。私は理解に苦しむ。

岡田は名監督の器か

事実、阪神ファンのなかには、私が導入しようとし、星野も実践した緻密《ちみつ》な野球がいまの阪神には失われてしまったと嘆いている人も少なくないと聞く。

弱者が強者に勝つには、相手をして「何をやってくるかわからない」と疑心暗鬼にさせることが必要だ。常識的には「ここはバントだろう」と考えられるケースで、「もしかしたら違うことをやってくるかもしれない」と思わせることができれば、それだけ有利になる。それもまた、無形の力なのだが、岡田阪神の野球からは、そうした気配が感じられないそうだ。

逆にいえば、いまの阪神はもはや弱者ではなく、強者になったということなのかもしれない。が、それはともすれば、豪快かもしれないが荒っぽい、投手は力いっぱい投げ、打者はフルスイングすればいいという、昔の阪神の野球、すなわち野球の本質を理解していない野球に逆戻りしかねないとは言えまいか。

とはいえ岡田は、星野時代は必ずしも適材適所と言えなかった打線に手を入れ、二年目からは足のある赤星と鳥谷を一、二番に置き、四番・金本、五番・今岡という、相手には脅威となる打線をつくりあげた。なにより、ウィリアムス、藤川、久保田からなるＪＦＫ

というリリーフ陣を構築したのは、紛《まぎ》れもなく岡田の功績だ。新しい方程式をつくった。これは素直に評価しなければならない。

考えてみれば、これはアメリカン・スタイルである。六回までは選手主導でやらせて、七回以降に接戦になったら監督が前面に出て、指示を出す。それがメジャーリーグの野球だ。極端な例をあげれば、初回の送りバント。メジャーでは一〇〇パーセントといっていいくらい、ない。選手に任せる。

と、ここまで書いてきて思ったのだが、岡田がメジャーにコーチ留学した経験があるかどうかは知らないが、選手任せというのも、じつはメジャーの影響かもしれない。メジャーリーグのコーチの多くは、みずからは指導しないスタンスをとっている。すなわち、「自分で考えてやりなさい。考えてわからなかったら来なさい」というスタイルである。これは選手個々の問題意識を高めるために必要なことだと私も理解しているのであるが、岡田もそのように考えている可能性はある。

とすれば、もしかしたら岡田は名監督となる器なのかもしれない。もっとも、私はもはやメジャーリーグの野球に学ぶものはないと考えているし、岡田流のやり方が実を結ぶためには、先にも述べたように、なにより阪神の選手の意識がそれだけ高くなければいけない。フロントもファンも、成績が優勝、二位、三位とだんだん下がってきたからといって、すぐにバッシングするのではなく、ある程度長い目で岡田野球を吟味していく必要がある。岡田は長く二軍監督をしていたことで選手からの人望があると聞く。また、早大からドラフト一位で入団し、幹部候補生としてエリート街道を歩んできた岡田にとって、日本シリーズでの四連敗やクライマックスシリーズ二連敗は、指導者として大きな挫折《ざせつ》を与えられるものだったはずだ。少なくとも、短期決戦ほど細かく、小さな采配が要求されることだけは肝に銘じたのではないか。いずれにせよ、岡田が名監督たりえるかは、今後の阪神の成績が明らかにすることだろう。

オーナーよ、リーダーシップを発揮せよ

もっともチーム強化は、現場の力だけでは不可能である。親会社も含めて、球団フロントのバックアップが必要不可欠だ。

ところが阪神という球団は、ずっとそうした意識が稀薄《きはく》だった。「金を出さない代わりに口も出さない」というのならまだいい。あるいは巨人の渡邉恒雄《わたなべつねお》オーナーのように、「口は出すが金も出す」という姿勢も、少なくともバックアップするという意思は感じら

れる。しかし、阪神はいみじくも江夏がどこかで語っていたように、「金は出さないが口は出す」の典型だった。これではたとえいくら現場に有能な人材がいたとしても、どうすることもできない。いや、有能な人材が集まることすらないに違いない。

弱いチームが強くなるには、球団全体の体質をあらためなければいけないのである。その第一歩として編成部が変わったことが、いまの阪神にいい影響を与えているのは間違いないだろう。

だが、それだけでは不十分だ。球団のフロントの意識が変わったとしても、それだけではまだ足りない。やはり、親会社も含めたグループ全体が変わる必要がある。

これは阪神にかぎったことではないが、球団の執行部はいまだ親会社からの出向が圧倒的に多い。しょせん、腰掛けである。目が現場ではなく、親会社のほうを向いている。球団に来たことを左遷と考えている者もいるかもしれない。だから、チームを強くしようなどという意欲はない。たとえ真剣にチームのことを考えていたとしても、数年もすれば異動が待っている。その意志が受け継がれることはない。そんな体制では、せっかくやる気のあるスタッフがいても、チーム強化などできるわけがない。

では、こうした体制を変えられるのは誰か。言うまでもない。やはりオーナーなのである。オーナーが強い意志をもって強化にあたれば、球団フロントだってやらざるをえないのだ。すべてはオーナーの意志ひとつなのである。だからこそ私は、「組織はリーダーの力量以上には伸びない」とたびたび言っているのだ。

阪神に対して人一倍愛情を感じているであろう江夏がかつて語っていた。

「オーナーが絶えず現場に足を運んで、もっともっと野球を知ってくれないと」

この点は私も同感だ。たいがいのオーナーは現場の人間と話をしない。せいぜい納会であいさつする程度だろう。これではチームに対する愛情は伝わらず、現場の士気は上がらない。まして阪神は、グループ全体が球団におんぶに抱っこできたといわれる。極言すれば、球団がなくなったらグループ自体の存続すら危うくなるのではないか。それならば、もっとグループ全体で球団を支援していいはずだ。

私が久万オーナーに改革の必要性を訴え、幸いなことに星野がそれを実現させ、結果を出したことで、「目先の利益にとらわれて、長期的展望に立てない」という典型的な大阪商人体質（?）が染みついていた阪神球団も、金をかければかけただけの効果と見返りがあることを理解したはずだ。ところが、球団には「星野は金がかかりすぎる」という不満があったという。それが星野辞任の一因になったという噂も聞いている。

以前、阪神電鉄が村上ファンドに買収されかけたことがあった。誤解をおそれずにいえば私は、いっそのこと買収されたほうがよかったのではないかとさえ思った。球団にとっては、少なくとも大きく変わるチャンスだったからである。

七〇年以上にわたって染み付いた悪しき伝統とぬるま湯的な環境を変えるには、それだけの力量と強い意志を持ち、リーダーシップを発揮できるような人間が必要だ。いまの阪神にそういう人物がいないというのなら――村上ファンドが適格かどうかは別にして――外部の血が入るのも決して歓迎できないことではないと思ったのである。

「優勝するにふさわしいチーム」の条件

「優勝するチームには二種類ある」と、私は『巨人軍論』で述べた。「優勝するべくして優勝する」チームと「優勝するにふさわしい」チームである。

前者は、圧倒的な戦力を有し、天性の力で相手をねじふせるチームのこと。つまり、近年の巨人のようなチームである。

対して後者は、たとえ戦力は劣っていようとも、確固たる野球観を持つ指揮官のもとできちんと意思統一され、指揮官の立てた戦略・戦術に従い、各自が自分の役割を認識し、責任をまっとうすることで勝つというチームを指す。そして、そうしたチームになるための大原則として「戦力の集中」を掲げ、その必要条件に「適材適所と意思統一によるまとまり」「知力・体力・気力のバランス」「相手の弱点をつく」「選手に優越感を植えつける」の四つをあげた。

私が監督になったころの阪神は、決して前者ではなかった。だから私は、選手に私の野球観、人生観を叩《たた》き込むことで意識改革を促し、知力・体力・気力の充実を説くとともに、なんとかして適材適所のチームをつくろうと腐心した。結局それは、志なかばというより、ほとんど成就しないで終わったが、一部には受け継がれた。そして、星野が選手の甘えの体質を一掃し、さらにチームの中心を補強することで、優勝するにふさわしいチームに「近づけた」ように見えた。岡田がどのような方向にチームを持っていこうとしているのかは判断がつかないが、少なくともまだ、私が植えつけようとし、星野が根付かせた遺伝子は残っているはずだ。私は川上巨人を手本としたし、星野も川上さんの影響を受けているとすれば、もしかしたらそれはV9巨人の遺伝子でもあるのかもしれない。

それを絶やさないためにも、私は『巨人軍論』であげた「優勝するにふさわしい」チームの条件に、もうひとつの要素をつけ加えたい。それは「オーナーの強いリーダーシップ」である。

現場だけでなく球団フロントも親会社も一体となってチーム強化に取り組むようになってはじめて、阪神は「優勝するにふさわしい」チームとなる。真に伝統を感じさせるチームに向かってスタートを切ることになる――私はそう信じている。

あとがき

南海の監督時代、オーナーによくこう言ったものだ。

「球団を和歌山か四国に移転させませんか」

阪神が圧倒的な人気を誇っているにもかかわらず、当時の大阪には南海、阪急、近鉄というパ・リーグの球団が三つもあった。ただでさえ少ないパ・リーグのファンを、三球団で取り合っていたのである。客がくるわけがない。それならばいっそのこと、南海電鉄が通っている和歌山や、プロ野球チームがない四国にフランチャイズを移してしまえばいいではないかと進言したのである。

ヤクルト時代も、「北海道に行きましょう」と訴えたことがある。ヤクルトの系列会社が北海道にあったからだ。雪や寒さが障害になるというのなら、「ドーム球場をつくりましょう」と提言したこともあった。

そのときはどちらも実現はしなかったが、結果的に私が夢想したことはいま、現実となった。現在のプロ野球は、地域密着が根付いた観がある。北は札幌の北海道日本ハムファイターズから、南は福岡ソフトバンクホークスまでフランチャイズが広がり、広島東洋カープのほかにも横浜ベイスターズや千葉ロッテマリーンズ、東京ヤクルトスワローズなど、チーム名にホームタウンの名前を冠する球団も増えてきた。

そして、それぞれに熱いファンがついている。かくいう私が指揮をとる東北楽天ゴールデンイーグルスもそのひとつであり、ファンの温かい声援をいただいている。すばらしい傾向だと思う。プロ野球をもっと繁栄させるには、やはり地域密着が必要不可欠なのである。

それを昔から実践してきた、いや、実践させられてきたのが、何を隠そう阪神タイガースであると私は思っている。地域密着という点では、阪神は理想的な球団だと言っていい。

村上ファンドが阪神電鉄の筆頭株主になったとき、当時の村上世彰《よしあき》代表は「ファンの総意として阪神の球団株を上場すればいい」と明言し、ファンへのアンケートを実施した。結果は反対が過半数を超えた。これは、ファンが「阪神は自分たちの球団だ」と認識していたからだと私は思う。「阪神」は企業名だけでなく、地域名も表しているし、その意味でも広島と並ぶ〝市民チーム〟だといっても過言ではないのである。

だが、真の意味でほかのチームの手本となっているかといえば、それは疑問だと言わざるをえないのはこれまで見てきた通りである。しかし、阪神がほんとうの意味での手本となり、伝統を感じさせるようなチームに変貌《へんぼう》すれば、さらにファンは増えるだろうし、それを見たほかの地方のファンも負けられないと考え、プロ野球全体の発展につながるのではないかと私は思う。

そのためには、球団自体が生まれ変わらなければならないのはもちろんだが、メディアやファンも意識を変える必要がある。

メディアの役割とは、選手にすりよって得た情報によって提灯《ちょうちん》記事を提供することではないだろう。ましてや推測や憶測で記事を捏造《ねつぞう》することでは絶対ない。経験に基づいた客観的な視点で物事を的確に判断し、事実を報道するとともに、「よいものはよい、悪いものは悪い」と指摘することが使命であるはずだ。たとえ特定の人物に張り付く番記者であっても、いや番記者だからこそ、選手やチームがダメなときは叱咤《しった》し、正しい方向に向かわせるくらいの気概がなくてはいけないと私は思う。

ファンも同様だ。阪神のファンは選手とチームに注ぐ愛情という点では、日本一だといっていい。しかし、選手を甘やかしたり、かわいさあまって罵倒《ばとう》したりするだけが愛情ではない。ましてや自分の虚栄心のために選手を引きまわすことなどあってはならない。もちろん、そんなファンは一部だということは承知しているが、ほんとうに愛情があるならば、自分がどういう行動をとることが選手とチームのためになるのか、いま一度考えてみても損はないだろう。

そして、選手と球団。選手はもちろんだが、球団の職員も、自分たちはこうしたファンの愛情に甘えていないか、あらためて自問自答する必要がある。そしてファンに支えられているからこそ仕事ができるのだと感謝すると同時に、ファンとプロ野球のために全力を尽くしているか真剣に考えなければならない。

メディア、ファン、選手、球団。それぞれが阪神タイガースというチームに誇りを持てるようになってほしい――阪神の〝ＯＢ〟のひとりでもある私は、そんな願いもこめて本書を記していった。

二〇〇八年のシーズン、私は楽天での三年目を迎える。契約最終年である。

初年度は最下位、二〇〇七年は四位。ヤクルトでは五位、三位、優勝と来ているから、今年は最悪でもAクラスに入らねばならない。そして、それは充分可能だという手ごたえがある。

一方、阪神は今季も少なくともAクラスは確実だろう。とすれば、日本シリーズで対決する可能性がないわけではない。

果たして阪神は伝統を感じさせるチームになったのか。

それを確かめるのを楽しみに待つと同時に、楽天を阪神と日本シリーズであいまみえることができるような「優勝するにふさわしい強いチーム」にしたいのである。残り少なくなったプロ野球人生のすべてをかけて取り組んでいきたい。

参考文献

「阪神タイガース70年史　猛虎伝説」（ベースボール・マガジン社）
上田賢一「増補版　猛虎伝説―阪神タイガースの苦悩と栄光」（集英社新書）
吉田義男「阪神タイガース」（新潮新書）
永谷脩「野村・星野・岡田　復活の方程式」（イースト・プレス）
江本孟紀「ダメ虎を猛虎に復活させる方法」（ビジネス社）
「ナンバー」（文藝春秋）
「月刊タイガース」

阪神タイガース年度別成績

年度	監督	順位	試合	勝利	敗戦	引分	勝率	打率	本塁打	防御率	他球団の順位
1936春夏	初代／森 茂雄	*	15	9	6	0	.600	.305	5	3.46	
1936秋	2代目／石本 秀一	*	31	24	6	1	.800	.248	5	1.79	
1937春	石本 秀一	2	56	41	14	1	.745	.246	10	1.71	①巨人③セネタース④阪急⑤金鯱⑥大東京⑦名古屋⑧イーグルス
1937秋	石本 秀一	1	49	39	9	1	.813	.258	13	2.03	②巨人③イーグルス④金鯱⑤セネタース⑥ライオン⑦阪急⑧名古屋
1938春	石本 秀一	1	35	29	6	0	.829	.268	12	2.05	②巨人③阪急④イーグルス⑤セネタース⑥金鯱⑦名古屋⑧ライオン
1938秋	石本 秀一	2	40	27	13	0	.675	.254	11	2.46	①巨人③阪急④名古屋⑤セネタース⑤ライオン⑦イーグルス⑧南海⑨金鯱
1939	石本 秀一	2	96	63	30	3	.677	.239	32	2.02	①巨人③阪急④セネタース⑤南海⑥名古屋⑦金鯱⑧ライオン⑨イーグルス
1940	3代目／松木謙治郎	2	104	64	37	3	.634	.223	13	1.66	①巨人③阪急④翼⑤名古屋⑥黒鷲⑦金鯱⑧南海⑨ライオン
1941	松木謙治郎	5	84	41	43	0	.488	.197	6	1.61	①巨人②阪急③大洋④南海⑥名古屋⑦黒鷲⑧朝日
1942	4代目／若林 忠志	3	105	52	48	5	.520	.204	9	1.82	①巨人②大洋④阪急④朝日⑥南海⑦名古屋⑧大和
1943	若林 忠志	3	84	41	36	7	.532	.201	12	1.80	①巨人②名古屋③朝日⑤西鉄⑥大和⑦阪急⑧南海
1944	若林 忠志	1	35	27	6	2	.818	.248	1	1.53	②巨人③阪急④産業⑤朝日⑥近畿日本
1946	5代目／藤村富美男	3	105	59	46	0	.562	.288	28	3.23	①グレートリング②巨人④阪急⑤セネタース⑥ゴールドスター⑦パシフィック⑦中部日本
1947	6代目／若林 忠志	1	119	79	37	3	.681	.258	17	2.18	②中部日本③南海④阪急⑤巨人⑥東急⑦太陽⑧金星
1948	若林 忠志	3	140	70	66	4	.515	.262	50	2.88	①南海②巨人④阪急⑤急映⑥大陽⑦金星⑧中日
1949	若林 忠志	6	137	65	69	3	.485	.283	141	4.47	①巨人②阪急③大映④南海⑤中日⑦東急⑧大陽

年度	監督	順位	試合	勝利	敗戦	引分	勝率	打率	本塁打	防御率	他球団の順位
1950	7代目／松木謙治郎	4	140	70	67	3	.511	.270	120	4.19	①松竹②中日③巨人⑤大洋⑥西日本⑦国鉄⑧広島
1951	松木謙治郎	3	116	61	52	3	.540	.269	78	3.26	①巨人②名古屋④松竹⑤国鉄⑥大洋⑦広島
1952	松木謙治郎	2	120	79	40	1	.664	.268	61	2.77	①巨人③名古屋④大洋⑤国鉄⑥広島⑦松竹
1953	松木謙治郎	2	130	74	56	0	.569	.270	87	3.15	①巨人③名古屋④広島⑤洋松⑥国鉄
1954	松木謙治郎	3	130	71	57	2	.555	.266	68	2.78	①中日②巨人④広島⑤国鉄⑥洋松
1955	8代目／岸　一郎	3	130	71	57	2	.555	.251	51	2.49	①巨人②中日④広島⑤国鉄⑥大洋
	9代目／藤村富美男										
1956	藤村富美男	2	130	79	50	1	.612	.224	54	1.77	①巨人③中日④国鉄⑤広島⑥大洋
1957	藤村富美男	2	130	73	54	3	.573	.240	68	2.38	①巨人③中日④国鉄⑤広島⑥大洋
1958	10代目／田中　義雄	2	130	72	58	0	.554	.238	88	2.55	①巨人③中日④国鉄⑤広島⑥大洋
1959	田中　義雄	2	130	62	59	9	.512	.237	76	2.37	①巨人②中日④国鉄⑤広島⑥大洋
1960	11代目／金田　正泰	3	130	64	62	4	.508	.242	87	2.62	①大洋②巨人④広島⑤中日⑥国鉄
1961	金田　正泰	4	130	60	67	3	.473	.244	80	2.60	①巨人②中日③国鉄⑤広島⑥大洋
	12代目／藤本　定義										
1962	藤本　定義	1	133	75	55	3	.577	.223	64	2.03	②大洋③中日④巨人⑤広島⑥国鉄
1963	藤本　定義	3	140	69	70	1	.496	.239	95	3.20	①巨人②中日④国鉄⑤大洋⑥広島
1964	藤本　定義	1	140	80	56	4	.588	.240	114	2.75	②大洋③巨人④広島⑤国鉄⑥中日

年度	監督	順位	試合	勝利	敗戦	引分	勝率	打率	本塁打	防御率	他球団の順位
1965	12代目／藤本 定義	3	140	71	66	3	.518	.220	94	2.47	①巨人②中日④大洋⑤広島⑥サンケイ
1966	13代目／杉下 茂 14代目／藤本 定義	3	135	64	66	5	.492	.233	81	2.52	①巨人②中日④広島⑤大洋⑥サンケイ
1967	藤本 定義	3	136	70	60	6	.538	.245	101	2.60	①巨人②中日④大洋⑤サンケイ⑥広島
1968	藤本 定義	2	133	72	58	3	.554	.229	119	2.67	①巨人③広島④サンケイ⑤大洋⑥中日
1969	15代目／後藤 次男	2	130	68	59	3	.535	.222	114	2.41	①巨人③大洋④中日⑤アトムズ⑥広島
1970	16代目／村山 実	2	130	77	49	4	.611	.245	110	2.36	①巨人③大洋④広島⑤中日⑥ヤクルト
1971	村山 実	5	130	57	64	9	.471	.220	101	2.76	①巨人②中日③大洋④広島⑥ヤクルト
1972	村山 実	2	130	71	56	3	.559	.239	125	3.00	①巨人③中日④ヤクルト⑤大洋⑥広島
1973	17代目／金田 正泰	2	130	64	59	7	.520	.234	115	2.82	①巨人③中日④ヤクルト⑤大洋⑥広島
1974	金田 正泰	4	130	57	64	9	.471	.237	136	3.45	①中日②巨人③ヤクルト⑤大洋⑥広島
1975	18代目／吉田 義男	3	130	68	55	7	.553	.252	128	3.34	①広島②中日④ヤクルト⑤大洋⑥巨人
1976	吉田 義男	2	130	72	45	13	.615	.258	193	3.54	①巨人③広島④中日⑤ヤクルト⑥大洋
1977	吉田 義男	4	130	55	63	12	.466	.267	184	4.38	①巨人②ヤクルト③中日⑤広島⑥大洋
1978	19代目／後藤 次男	6	130	41	80	9	.339	.254	139	4.79	①ヤクルト②巨人③広島④大洋⑤中日
1979	20代目／ブレイザー	4	130	61	60	9	.504	.268	172	4.15	①広島②大洋③中日⑤巨人⑥ヤクルト

年度	監督	順位	試合	勝利	敗戦	引分	勝率	打率	本塁打	防御率	他球団の順位
1980	20代目／ブレイザー 21代目／中西 太	5	130	54	66	10	.450	.262	134	3.73	①広島②ヤクルト③巨人④大洋⑥中日
1981	中西 太	3	130	67	58	5	.536	.272	114	3.32	①巨人②広島④ヤクルト⑤中日⑥大洋
1982	22代目／安藤 統男	3	130	65	57	8	.533	.262	118	3.44	①中日②巨人④広島⑤大洋⑥ヤクルト
1983	安藤 統男	4	130	62	63	5	.496	.274	169	4.22	①巨人②広島③大洋⑤中日⑥ヤクルト
1984	安藤 統夫	4	130	53	69	8	.434	.264	165	4.46	①広島②中日③巨人⑤ヤクルト⑥大洋
1985	23代目／吉田 義男	1	130	74	49	7	.602	.285	219	4.16	②広島③巨人④大洋⑤中日⑥ヤクルト
1986	吉田 義男	3	130	60	60	10	.500	.271	184	3.69	①広島②巨人④大洋⑤中日⑥ヤクルト
1987	吉田 義男	6	130	41	83	6	.331	.242	140	4.36	①巨人②中日③広島④ヤクルト⑤大洋
1988	24代目／村山 実	6	130	51	77	2	.398	.248	82	3.82	①中日②巨人③広島④大洋⑤ヤクルト
1989	村山 実	5	130	54	75	1	.419	.257	135	4.15	①巨人②広島③中日④ヤクルト⑥大洋
1990	25代目／中村 勝広	6	130	52	78	0	.400	.252	135	4.58	①巨人②広島③大洋④中日⑤ヤクルト
1991	中村 勝広	6	130	48	82	0	.369	.237	111	4.37	①広島②中日③ヤクルト④巨人⑤大洋
1992	中村 勝広	2	132	67	63	2	.515	.250	86	2.90	①ヤクルト②巨人④広島⑤大洋⑥中日
1993	中村 勝広	4	132	63	67	2	.485	.253	86	3.88	①ヤクルト②中日③巨人⑤横浜⑥広島
1994	中村 勝広	4	130	62	68	0	.477	.256	92	3.43	①巨人②中日③広島④ヤクルト⑥横浜

年度	監督	順位	試合	勝利	敗戦	引分	勝率	打率	本塁打	防御率	他球団の順位
1995	25代目／中村 勝広 藤田 平（代行）	6	130	46	84	0	・354	・244	88	3・83	①ヤクルト②広島③巨人④横浜⑤中日
1996	26代目／藤田 平 柴田 猛（代行）	6	130	54	76	0	・415	・245	89	4・12	①巨人②中日③広島④ヤクルト⑤横浜
1997	27代目／吉田 義男	5	136	62	73	1	・459	・244	103	3・70	①ヤクルト②横浜③広島④巨人⑥中日
1998	吉田 義男	6	135	52	83	0	・385	・242	86	3・95	①横浜②中日③巨人④ヤクルト⑤広島
1999	28代目／野村 克也	6	135	55	80	0	・407	・259	97	4・04	①中日②巨人③横浜④ヤクルト⑤広島
2000	野村 克也	6	136	57	78	1	・422	・244	114	3・90	①巨人②中日③横浜④ヤクルト⑤広島
2001	野村 克也	6	140	57	80	3	・416	・243	90	3・75	①ヤクルト②巨人③横浜④広島⑤中日
2002	29代目／星野 仙一	4	140	66	70	4	・485	・253	122	3・41	①巨人②ヤクルト③中日⑤広島⑥横浜
2003	星野 仙一	1	140	87	51	2	・630	・287	141	3・53	②中日③巨人③ヤクルト⑤広島⑥横浜
2004	30代目／岡田 彰布	4	138	66	70	2	・485	・273	142	4・08	①中日②ヤクルト③巨人⑤広島⑥横浜
2005	岡田 彰布	1	146	87	54	5	・617	・274	140	3・24	②中日③横浜④ヤクルト⑤巨人⑥広島
2006	岡田 彰布	2	146	84	58	4	・592	・267	133	3・13	①中日③ヤクルト④巨人⑤広島⑥横浜
2007	岡田 彰布	3	144	74	66	4	・529	・255	111	3・56	①巨人②中日④横浜⑤広島⑥ヤクルト

通算成績（07年まで）／4478勝4174敗266引分　勝率・518

野村克也（のむら・かつや）
1935年、京都府生まれ。54年、京都府立峰山高校卒業。南海（現福岡ソフトバンク）ホークスへテスト生で入団。3年目に本塁打王。65年、戦後初の三冠王（史上2人目）など、MVP5度、首位打者1度、本塁打王9度、打点王7度。ベストナイン19回、ゴールデングラブ賞1回。70年、監督（捕手兼任）に就任。73年パ・リーグ優勝。のちにロッテ・オリオンズ、西武ライオンズでプレー。80年に45歳で現役引退。通算成績2901安打、657本塁打、1988打点、打率.277。90年、ヤクルトスワローズ監督に就任、4度優勝（日本一3度）。99年から3年間、阪神タイガース監督。2002年から社会人野球シダックスのゼネラル・マネジャー兼監督。03年都市対抗野球大会で準優勝。89年、野球殿堂入り。06年度、東北楽天ゴールデンイーグルス監督就任。「生涯一捕手」が座右の銘。

ああ、阪神《はんしん》タイガース
——負《ま》ける理由《りゆう》、勝《か》つ理由《りゆう》

野村克也《のむらかつや》

二〇〇八年二月十日　初版発行

発行者　井上伸一郎
発行所　株式会社角川書店
東京都千代田区富士見二―十三―三
〒一〇二―八〇七八
電話／編集　〇三―三二三八―八五五五
発売元　株式会社角川グループパブリッシング
東京都千代田区富士見二―十三―三
〒一〇二―八一七七
電話／営業　〇三―三二三八―八五二一
http://www.kadokawa.co.jp/

装丁者　緒方修一（ラーフイン・ワークショップ）
企画協力　メディアプレス、藤田健児
印刷所　暁印刷
製本所　BBC

角川oneテーマ21　A-77

ISBN978-4-04-710132-6 C0295

C-64
ビルマ軍事政権とアウンサンスーチー
田辺寿夫
根本 敬
日本とビルマの歴史、軍事政権の弾圧を逃れて日本で暮らす人たちの姿からビルマとの〝発展的関係〟を考えるための良書。軍事クーデターから15年、ビルマの今は？

C-72
女子少年院
魚住絹代
売春、覚醒剤、恐喝……。様々な罪を犯した少女たち。法務教官として十二年間、少女たちの矯正教育に携わった著者が綴る、非行少女たちの知られざる再生の現場。

C-87
歴代首相の経済政策　全データ
草野 厚
東久邇稔彦王から小泉純一郎まで、戦後に首相を務めた全二七人の経済政策を分析。奇跡の経済復興を遂げた日本がなぜ借金大国へ転落したのか検証する。

C-100
東京・同時多発テロ
——日本攻撃計画シミュレーション
林 信吾
高架から新幹線の線路へ突如落とされる重機、金融機関を麻痺させる共同溝の多発火災……。首都・東京でのテロの可能性と関係機関の対策を徹底検証する！

C-106
中国、核ミサイルの標的
平松茂雄
日本、アメリカ、台湾に向けられた核ミサイルと核弾頭の数、配備基地の詳細に迫る。現代中国研究の第一人者が最新の情報を綴った衝撃の書。

C-107
ケンカの作法
——批判しなければ、日本は滅ぶ
辛 淑玉
佐高 信
日本人よ！　もっとケンカせよ。ケンカをしなければダメ政治は、格差社会はそのままである。暴力を使わずに、自分の意思を訴える方法を辛口論客が徹底指導！

C-123
千年、働いてきました
——老舗企業大国ニッポン
野村 進
世界最古の企業は、ここ日本にあった！　日本に集中する老舗企業の存続の理由はなにか？　仕事論、文化論へとつながる、画期的ノンフィクションのベストセラー。

C-110
パリの職人
吉村葉子
写真・宇田川悟
パリの街を支え続ける職人の技と人生、確かな審美眼に育まれた品々とは。すべてその場で買える工房兼ショップを美しい写真とともに27店紹介。

C-111
長生きする人のカンタン食生活
増尾　清
消費者運動を牽引し、今なお八〇歳で現役、全国で講演を続ける著者が初めて著した男性のための食品健康論。簡単に健康になれる調理レシピ付。

C-112
古城ホテルに泊まるドイツ
――歴史と世界遺産探訪
谷　克二
一生に一度は泊まりたい！　千年の歴史を持つ、世界遺産の中にある、など歴史を感じる憧れのホテルを徹底紹介。読んで楽しいちょっと贅沢な大人の旅ガイド。

C-113
腰痛スッキリ！
みのもんた
福井康之
知っておきたい腰痛の基礎知識。間違いだらけの治療や検査、民間療法の逆効果まで腰部脊柱管狭窄症に苦しんだ司会者と、その執刀医がズバッと解説いたします！

C-114
不運のすすめ
米長邦雄
「幸運」だけでは人生は勝てない！　著者が長年にわたり研究し、磨きあげた「勝負運」論の真髄をここに大公開！「不運」はまさに幸運と表裏一体である。

C-115
イタリアの老舗料理店
池田匡克
老舗には老舗のワケがある！　ローマ、ミラノ、フィレンツェ……料理人との対話を重ねた、温故知新のグルメ旅。豊富なカラー写真が、食欲をそそる。

A-47
〈ハッキリ脳〉の習慣術
高田明和
脳が元気になる生活習慣とは？　インテリアを変える、姿勢を意識する、外の光を浴びる、などなど……いますぐ始められる簡単な〝健脳〟生活のヒントを満載！

A-39
抄訳版　アメリカの鏡・日本
ヘレン・ミアーズ
訳=伊藤延司
GHQ最高司令官マッカーサーが日本での翻訳出版を禁じた衝撃の書。何が日本を勝てない戦争に追い込んだのか？　戦後六〇年緊急復刊。

A-40
憲法力
――いかに政治のことばを取り戻すか
大塚英志
「憲法力」とは「ことば」への信頼である。「ことば」を裏切り続けた政治を前に「有権者」が憲法を考える力とは何か？

A-43
新卒ゼロ社会
――増殖する「擬態社員」
岩間夏樹
定期一括採用を前提に税金・年金徴収を企業が肩代わりするシステムが危ない！　40年に亘る「新入社員意識調査」から見えてくるニートやひきこもりを超えた大問題。

A-48
危機の日本人
山本七平
グローバル化という「外圧」に屈しながら日本が生き抜く道とは？　自己矛盾を抱えた日本が生き延びるヒントを探る。

C-47
債権回収の現場
岡崎昂裕
不良債務者や裁判所との駆け引き、不正取引や社内外での確執――「奴の通った跡は、瓦礫も残らない」とまで言われた元回収担当者が見た、壮絶な回収の現場のレポート。

C-59
アメリカのイラク戦略
――中東情勢とクルド問題
高橋和夫
イラクを軍事国家に育て上げたアメリカが、今、なぜイラクへの武力行使を主張するのか。イラクを巡る最新情勢とその背景にある「クルド人問題」を詳しく解説した一冊。

A-23
テロと家族
中日新聞・
東京新聞取材班
世界を震撼させた米国テロ事件。その背後で様々な命と家族の絆が砕け散っていった。中日新聞にて長期連載され、『日本新聞協会賞』を受賞した感動のノンフィクション。

A-24
警察官の現場
――ノンキャリ警察官という生き方
犀川博正
警察官に課される熾烈なノルマ、過酷な労働事情、不当な評価システム、自浄作用の及ばぬ密室体質……勤続30年の著者が明かした隠された警察現場の実態レポート。

A-30
スルメを見てイカがわかるか！
養老孟司
茂木健一郎
「覚悟の科学者」養老孟司と「クオリアの頭脳」茂木健一郎がマジメに語った脳・言葉・社会。どこでも、いつでも通用するあたりまえの常識をマジメに説いた奇書！

A-31
日本はなぜ敗れるのか
――敗因21カ条
山本七平
生き残るためにどうすればよいのか。マネー、外交、政治、このままでは日本は敗れる。失敗を繰り返す現代の日本人への究極の処方箋。日本人論の決定版を発掘！

A-32
日本人とユダヤ人
山本七平
ユダヤ人との対比というユニークな視点から書かれた卓越な日本人論。日本の歴史と現代の世相についての豊かな学識と鋭い視点で描かれた日本人論の決定版を復活。

A-54
監視カメラは何を見ているのか
大谷昭宏
共謀罪、監視カメラ、官による情報操作と隠蔽……。気鋭ジャーナリストが安全社会の現実と嘘をえぐり出す！

A-62
官僚とメディア
魚住　昭
この国はここまで蝕まれていた！　メディアと官僚の凄まじい癒着と腐敗をえぐり出した衝撃的ノンフィクション。黒幕は誰だったのか？　佐藤優氏も絶賛の書！

A-63
護憲派の一分《いちぶん》
土井たか子
佐高　信
なぜ、ここまで「憲法九条」にこだわり続けるのか？　高まる憲法改正の動きの中で護憲派を代表する論客二人が訴えるその理由とは何か。護憲派も改憲派も必読！

A-61
リクルートのDNA
――起業家精神とは何か
江副浩正
なぜ、〈リクルート出身者〉は、ビジネス界で無類の強さを誇るのか？　創業者の著者自らが教える「起業家精神」と経営の本質。ビジネスマン必読のベストセラー。

B-88
おじさん通信簿
秋元　康
おじさんは「さ、風呂に入るか」と次の行動を予告する――。日頃やっている些細なことで自分のおじさん度がわかってしまう！　おじさんを改めて考えてみよう！

C-124
味覚を磨く
服部幸應
三國清三
味を守る、食を楽しむ。家で、酒場で、料理屋で、うまいものを味わうための〝大人のための食育〟。食に懸ける食のスペシャリストが伝える、その喜びと重要性。

B-83
男のガーデニング入門
柳生真吾
NHK『趣味の園芸』キャスターが教える、男ならではのガーデニングの簡単な楽しみ方。あなたも今日から、植物のある生活を始めてみませんか？

B-84
勝ちにいく身体
坂田信弘
齋藤　孝
鍛えて伸ばす本質は、スポーツも勉強も同じ。ゴルフと日本語、教えるプロがガチンコ対談。みるみる上達するためのコツと、潜在能力の伸ばし方！

C-108
ジャズでめぐるニューヨーク
――充実のミュージシャン&クラブ・ガイド
常盤武彦
注目のプレイヤーとクラブ紹介を中心に、90年代以降のNYジャズシーンを写真入りで解説。初心者もフリークも納得の、ジャズの楽しみを倍増させる一冊。

C-109
F1ビジネス
――もう一つの自動車戦争
田中詔一
「1秒短縮する開発コストは100億円!?」「商業権を牛耳るF1の首領との駆け引き」……初代HRD社長で国際マーケティングのプロが明かす、F1の舞台裏！